Selvarajan Yesudian · HATHA-YOGA ÜBUNGSBUCH

Selvarajan Yesudian

HATHA-YOGA
Übungsbuch

Fortsetzung von »Sport und Yoga«

Mit einem Vorwort von Elisabeth Haich

DREI EICHEN VERLAG

Ich widme dieses Buch
meiner über alles geliebten Yoga-Schule

Die Deutsche Bibliothek – CIP-Einheitsaufnahme

Hatha-Yoga-Übungsbuch:
Forts. von „Sport und Yoga" / Selvarajan Yesudian.
Mit einem Vorw. von Elisabeth Haich. –
5. Aufl., 15.–19. Tsd. – Ergolding:
Drei-Eichen-Verl., 1993
ISBN 3-7699-0437-0
NE: Yesudian, Selvarajan < Bearb. >

ISBN 3-7699-0437-0
Verlagsnummer: 437

5. Aufl., 15.–19. Tausend 1993

Druck und Bindung: Ebner Ulm

Inhaltsverzeichnis

Vorwort

Selvarajan Yesudian gab in unserem ersten gemeinsamen Buch »Sport und Yoga« die einfach-klassischen Hatha-Yoga-Übungen, die ein jeder Mensch, ob alt oder jung, ob gesund oder krank, auch hier im Westen, mit viel Erfolg und ohne Gefahr, ausführen konnte. Viele Schüler üben diese Übungen seit vielen Jahren, so daß es notwendig wurde, einige weitere Übungen zu geben, um den Körper noch belebter, noch bewußter machen zu können. Mit liebevoller Sorgfalt hat Selvarajan Yesudian neue, nützliche Übungen für seine Schüler ausgewählt und zusammengestellt, damit sie einen noch größeren Erfolg erreichen und die Resultate noch steigern können. Die vielseitigen Übungen hat er mit geschmackvollen Zeichnungen und Gedichten geschmückt und noch lebendiger gestaltet. Das ganze Werk haucht das feine, liebevolle, echt orientalische Wesen Yesudian's aus. Ein besseres Bild hätte Yesudian mit keiner Photographie von sich selbst geben können, als mit diesem Buch. Ein Bild würde nur sein irdisches Gesicht, seine irdischen Züge zeigen können; dieses Buch gibt aber das Bild seines seelischen, aus Liebe und Wohlwollen geflochtenen Wesens wieder. Alle, die dieses Werk in die Hand nehmen und gebrauchen, werden daran eine wahre und innige Freude haben, wie ich eine wahre Freude hatte, als ich zuschaute, mit welchem Eifer und welcher Freude Selvarajan Yesudian dieses Übungsbuch für seine über alles geliebte Yoga-Schule gestaltet hat.
Damit übergebe ich dieses Werk den Yoga-Übenden mit aller Liebe.

Zürich, März 1969   Elisabeth Haich

Vorwort des Verfassers

Seit wir unser Buch »Sport und Yoga« in mehreren Sprachen herausgegeben haben, wuchs das Interesse für Yoga in solchem Maße, daß ein neues Buch mit weiteren Hatha-Yoga-Übungen notwendig wurde. Darum habe ich dieses Buch als Fortsetzung von »Sport und Yoga« zusammengestellt. Die prophylaktische und therapeutische Wirkung der Atemübungen und Asanas (Körperübungen) erwies sich als äußerst wertvoll. Viele Ärzte und Psychiater empfehlen heute ihren Patienten richtige Atmung und Yoga-Übungen als wichtige Ergänzung ihrer Therapie. Dieses Buch ist eher praktisch als theoretisch — es soll ein praktischer Hinweis sein zu strahlender Gesundheit: die Rückspiegelung und Verwirklichung einer beherrschten Denkungsart. Beide sind unentbehrliche Voraussetzung, um glücklich zu sein.
Um ein gründliches Wissen von Yoga zu besitzen, müssen dem Leser manche Kapitel von »Sport und Yoga« vertraut sein, wie »Was ist Hatha-Yoga«, »Die Aufbaukraft des Bewußtseins«, »Vollkommene Atmung« »Jede Krankheit hat ihre seelische Ursache« etc.
Für Yogaübende ist körperliche und seelische Reinheit von großer Bedeutung. Darum habe ich neben jeder Seite, die die Übungen enthält, eine Seite mit ausgewählten, erhabenen Gedanken von großen Denkern gefüllt. Ob sie bewußt gelesen werden oder nicht, sie wirken tief in unser Unterbewußtsein hinein, fassen Wurzel und werden allmählich Teil unseres Wesens. Sie zwingen uns zu einer weisen Art zu denken und zu handeln und so, ohne daß wir es bemerken, reinigen sie unsere Seele.
Die kleinen Zeichnungen bereiteten mir eine besondere Freude. Ich habe durch diese kleinen Zeichnungen auf eine

9

subtile Weise vieles ausdrücken können, was ich in Worten nicht hätte ausdrücken können. Gedankengänge kann man in Worten ausdrücken, aber der Zustand des Seins kann man oft in einer kleinen Skizze viel besser zum Ausdruck bringen als mit Beschreibungen.

Ich bitte meine Leser, dieses bescheidene Werk mit derselben Liebe anzunehmen, mit welcher ich es meinen lieben Yoga-Freunden übergebe.

Selvarajan Yesudian

Einige Leitgedanken

Wer ist der große Lehrmeister des Menschen? Einzig der Mensch selbst. Ist er es nicht, der die rätselhaften Zeichen an den Kreuzwegen des Lebens deutet, um stufenweise von Geburt zu Geburt aufzusteigen? Reichen seine Sinne nicht aus, die irdische Sprache zu sprechen, und ist er nicht für seine lange Lebensreise mit allem ausgerüstet, dessen er bedarf? Welche Geheimnisse bewahrt der Schrein seines Gehirns? Und ist sein Herz nicht so verborgen, daß niemand sehen kann, welche Schätze darin verschlossen sind? So, wie ein Same einen mächtigen Baum hervorbringt, wird der Mensch als seine höchste Leistung die Göttlichkeit offenbaren, die in ihm verborgen ist. Seine nackte Gestalt wird er während seines irdischen Aufenthalts mit Kleider bedecken, sein Körper wird mit Nahrung gestärkt, sein irdischer Weg wird durch die Belehrungen der heiligen Schriften ein wenig erhellt, aber zuletzt ist es doch er, der hünenhaft wächst, mit unsterblicher Zunge redet und zu Gott zurückgeht, wenn das irdische Spiel beendet ist. S. Y.

Ein Mensch wird vollkommen dadurch, daß er seine Sinne besiegt. Gibt es überhaupt Unmögliches für den, der seine Leidenschaften besiegt hat? Ramakrischna

Das Gute ist leicht zu tun von einem Guten, aber schwer von einem Bösen. Das Böse ist leicht zu tun von einem Bösen, aber schwer von einem Guten. Buddha

Wie den festen Felsen selbst der größte Wind nicht bewegen kann, so kann Verleumdung oder Lob den Weisen nicht bewegen. Buddha

Je höher wir fliegen, desto kleiner sehen uns diejenigen, die auf der Erde leben. Nietzsche

Je mehr die Umstände gegen dich sind, um so stärker wird deine innere Kraft offenbar.   Vivekananda

Zeige den Weg, der aus der Dunkelheit führt, und die Menschen werden dir willig folgen.

*

Selbstvertrauen ist der Grundstein des Lebens. Im Augenblick, in dem du es verlierst, zerfällt das Leben.

*

Klagen kann keine Hilfe bringen. Erhebe dich! Und kehre zu deinem Geist zurück, zur Stätte des Friedens in deinem Herzen. Ein ruhiger Geist kann alles zustande bringen. S. Y.

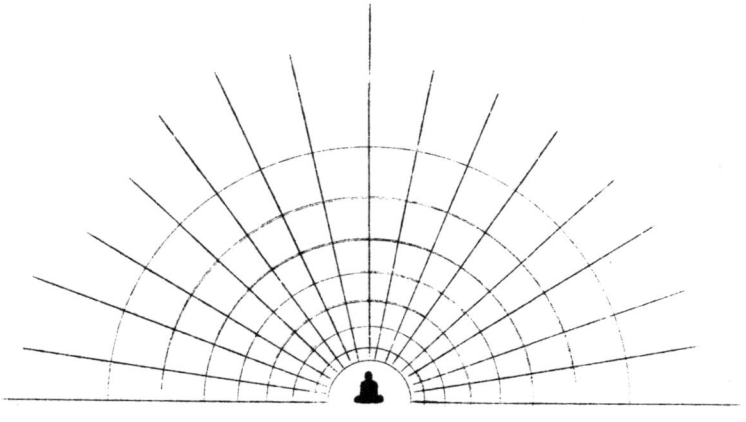

Die Ewigkeit ruft dich!
Steh auf! Erwache!
Nur ein Traum ist das Leben.
Was kaum begonnen
Wird bald beendet.
Steh auf! Erwache!
Und schlaf nicht mehr!

                     S. Y.

Bewußtsein ist ein Zustand des Selbstes. Mit der Ausdehnung des Bewußtseins werden sich alle latenten Eigenschaften in uns entfalten, die ein Buddha, Jesus von Nazareth, Ramakrischna, Vivekananda und andere geistige Giganten offenbart hatten.

Geduld ist das Schlüsselwort in Yoga, — Geduld, begleitet von Fleiß und Ausdauer. Wenn es verschiedenen Propheten gelungen ist, ihre göttliche Natur zu offenbaren, so ist es auch in der Macht jedes Menschen, dasselbe zu erreichen.

Hatha-Yoga ist keine Körperwissenschaft. Hatha-Yoga nimmt den Körper nur als Ausgangspunkt. Wir entwickeln Körperkraft, welche automatisch umgewandelt wird in Gefühlskraft, Verstandeskraft und schließlich in geistige Kraft. Wir überschreiten also zuerst die Ebene des Körpers und dehnen unser Bewußtsein auf die Verstandesebene aus, und endlich entfalten wir es in seiner ungebundenen, unbegrenzten, freien Form, als geistiges Bewußtsein. Die Freude an unserem wachsenden Bewußtsein erleben wir als Glückszustand.   S. Y.

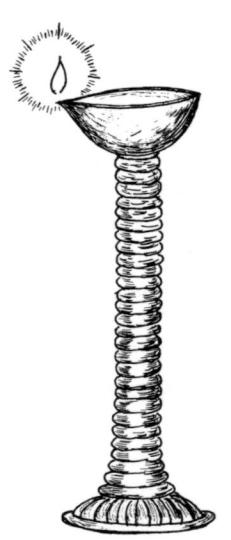

König Parikshit begegnet Kawli

König Parikshit, Herrscher von ganz Indien, stand eines Tages am Ufer des Flusses Saraswati; da sah er, wie ein Mann eine Kuh und einen Stier quälte und mißhandelte. Solche Grausamkeit erzürnte den König. Er fragte den Mann, wie er sein niederträchtiges Benehmen rechtfertige und erklärte ihm, daß es in seiner königlichen Macht stehe, ihn dafür mit dem Tode zu bestrafen. Ohne eine Antwort abzuwarten, wandte der König seine Aufmerksamkeit den Tieren zu, welche noch immer vor Angst zitterten, und er sprach zu ihnen mit solcher Güte, daß er bald das Vertrauen der beiden Tiere gewann.

Der König dachte über das traurige Schicksal des Stieres nach und wunderte sich, wer solcher Grausamkeit fähig war, die Beine des armen Tieres abzuschneiden. Der Stier, der die Verkörperung der Tugend war, sprach:
»O edler König, wir danken dir, daß du uns gerettet hast. Du möchtest den Grund meines Leidens wissen, doch ich selber kenne ihn nicht. Es gibt so viele verschiedene Ansichten über den wahren Grund von Schmerz und Leid in dieser Welt. Manche sagen, wir selber verursachten unser Glück und unser Leid; andere sagen, die Sterne oder die Stellung der Planeten seien der Grund, — oder Vorbestimmung oder das Schicksal; andere wiederum sagen, das Gesetz des Karma sei die einzige Ursache unseres Glückes oder Leides. Wieder andere denken, es sei Gott, der uns Glück oder Leid schicke. Ich weiß wirklich nicht, welche dieser Ansichten richtig ist.«
Der König war erstaunt, einen Stier sprechen zu hören. Aber plötzlich, als er in tiefes Nachdenken über das Gehörte versunken war, schien es ihm, als ob ein Schleier von seinen Augen entfernt würde, und er erkannte den Stier als die Verkörperung der Tugend, die Kuh als die Verkörperung von Mutter Erde, und der Mann, der die beiden gequält hatte, war Kawli, die Personifikation des Eisernen Zeitalters, oder die Verkörperung des Lasters.

Dann wandte er sich zu dem Stier und sagte:
»Du bist wirklich die Verkörperung der Tugend, du hast den Körper eines Stieres angenommen. Deine vier Füße sind: Selbst-Disziplin, Reinheit, Nächstenliebe und Wahrhaftigkeit; aber als Zweifel, Besitzgier und Hochmut in die Welt einzogen, hast du drei Füße verloren. Jetzt stehst du noch auf einem Fuß, der Wahrhaftigkeit, und dieser Mann Kawli, die Verkörperung des Eisernen Zeitalters, war eben daran, auch diesen Fuß zu zerstören.«

Wie er so sprach, wandte er sich mit gezogenem Schwert gegen Kawli, entschlossen, ihn zu töten. Aber Kawli warf sich dem König zu Füßen und flehte um Gnade und Vergebung, denn er wußte wohl, daß ein König kein Lebewesen töten konnte, das bei ihm Schutz und Gnade suchte. Der König hielt inne, aber er befahl Kawli, sein Königreich zu verlassen.

Kawli aber bat den König, ihm jene Gebiete seines Reiches zu überlassen, wo die vier Laster herrschten: Spielen, Trinken, unmenschliche Behandlung von Frauen und Grausamkeit gegenüber den Tieren. Der König kam seiner Bitte nach. Kawli aber wollte sein Reich noch weiter ausdehnen und bat den König um weitere Gebiete. Der König überließ ihm die Reiche der Falschheit, des Hochmutes, der Wollust, der Eifersucht und der Feindlichkeit.

Wenn ein Mensch also nicht überwältigt werden will von Kawli, muß er die Reiche dieser Laster vermeiden.

Der König aber gab dem Stier seine Beine zurück, so daß er standhaft bleiben konnte in den Tugenden der Selbst-Disziplin, der Reinheit, der Nächstenliebe und der wahrhaftigkeit.   Bhagavatam

Die 52 Leitgedanken
für die 52 Übungsblätter

Laß in deinem Gehirn kühne und furchtlose Gedanken ent-
stehen, und laß jeden deiner Atemzüge, jedes deiner Worte,
laß alle deine Taten von diesen Gedanken durchdrungen
sein. Das ist der Weg, Schwäche in Kraft, Knechtschaft in
Freiheit, Todbringendes in Lebenspendendes zu verwandeln.   S. Y.

Man sollte nicht auf die Worte der Menschen achten. Nie
könnte man im Leben Großes vollbringen, wenn man sich
um deren Lob oder Tadel kümmern müßte.   Vivekananda

Ich will nicht einen Lehrer haben, der mich beeinflußt. Ich
will aber einen Lehrer, der mich lehrt, mich nicht beeinflus-
sen zu lassen.   S. Y.

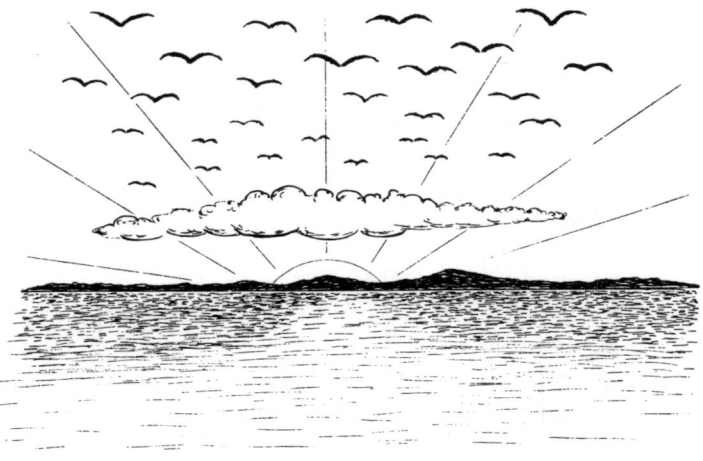

Nur die jüngsten Anfänger brauchen eine besondere Freizeit für ihre Meditationen. Ein Fortgeschrittener empfindet nach und nach ein immer größer werdendes Glücksgefühl, ob er arbeitet oder nicht. Während seine Hände in der Gemeinschaft tätig sind, hält er seinen Kopf kühl in der Einsamkeit.   Ramana Maharschi

Das Selbst

Das Selbst ist einzig. Unbeweglich, ist es schneller als Gedanken. Die Sinne holen es nicht ein; denn stets ist es im Vorsprung. Stillstehend, überholt es alles sich Bewegende. Ohne das Selbst gibt es kein Leben.
Der Tor vermeint, das Selbst bewege sich, doch es bewegt sich nicht. Dem Toren scheint es weit entfernt, doch ist es nah. Es ist in allem und auch außerhalb von allem.
Wer alle Wesen im Selbst sieht und sein Selbst in allen Wesen, der hasset nicht mehr.
Erleuchtung heißt: das eigene Selbst im ganzen Weltall finden. Überwunden hat Wahn und Sorge, wer überall die Einheit sieht.
Allgegenwärtig ist das Selbst, strahlend, ohne Leib, ohne Knochen, ohne Fleisch, vollkommen, rein und unberührt vom Bösen. Der Seher, der Denker, der Eine, der Höchste über alle Welt und aus sich selbst Seiende, der seit Ewigkeit die Welt schafft.
O Sonne, der Wahrheit Antlitz ist verhüllt von deiner goldenen Scheibe. Entferne sie, auf daß ich Wahrheitssucher der Wahrheit Herrlichkeit erblicken kann.
Erhalter du, Seher, Beherrscher des Himmels und der Erde — o leuchtende Sonne, du Lebensquell der Kreaturen — verhüll' dein Licht und sammle deine Strahlen! Laß deine liebliche Gestalt durch deine Gnade mich erblicken. Das Wesen, das dir innewohnt, dies Wesen, das bin ich.
Das Geheimnis der Unsterblichkeit ergründet nur der Herzensreine, wenn er, versenkt in tiefster Andacht, erkennt: Das Selbst in mir und Brahman (das Absolute) außerhalb sind Eines. Einssein mit Gott, das ist Unsterblichkeit!
Die schönsten Upanischaden

Wenn du Gedanken der Mißgunst, des Hasses oder des Ärgers mit dir herumträgst, wirkt deren zerstörerische Kraft auf deinen eigenen Körper und deine eigene Seele. Unbeschreiblich ist der Schaden, den du davonträgst. Die Yogis sagen, daß der Gedanke die größte Kraft im Körper sei. Sie ist gewaltiger als jede körperliche Kraft, größer als das Wort, denn sie ist eine transzendentale Macht, welche das ganze Weltall durchdringt. Gute Gedanken, so unbedeutend sie auch scheinen, werden unbedingt ihre Wirkung durchsetzen. Sei mutig und wisse, daß du selbst dein Schicksal schaffst. Denke gesunde Gedanken, bringe hohe Gedanken hervor und zwar solche, welche du auf der Ebene der Tat verwirklicht sehen möchtest. Mit einiger Ausdauer wirst du bald deine Gedanken beherrschen, welche dir dann helfen werden, statt dich zu behindern. Statt unverantwortliche Gedanken zu säen, die dein eigenes Leben und das derjenigen, denen du begegnest, vergiften, meistere deine Gedanken und sei der Macht bewußt, die du besitzest. Dann wirst du die Wirklichkeit von Vivekananda's Worten erleben: Wenn die Materie mächtig ist, so ist der Gedanke allmächtig. S. Y.

»Werft keinem Menschen Fehlerhaftigkeit vor«, lehrte unser Meister; »seht ihr nicht, daß er sich die größte Mühe gibt, selbst — wenn auch nur wenig — vorwärtszukommen?« S. Y.

Ich will Pioniere und Bergarbeiter in meiner Armee des religiösen Lebens. Geht hin, ihr Knaben, und bildet eure Muskeln aus! Für Einsiedler ist Kasteiung das Richtige. Doch für Arbeiter wohlentwickelte Körper, Muskeln aus Eisen und Nerven aus Stahl!   Vivekananda

Ruhe zu bewahren, ist die größte Kraftoffenbarung, während es leicht ist, tätig zu sein. Wenn du die Zügel losläßt, werden die Pferde mit dir durchgehen. Das kann jeder, aber stark ist, wer die ausschlagenden Pferde zum Stehen bringen kann. Was erfordert mehr Kraft: loszulassen, oder zurückzuhalten? Der ruhige Mensch ist nicht ein stumpfer Mensch. Der ruhige Mensch herrscht über die Geisteskräfte. Aktivität offenbart nur geringe, — Ruhe dagegen überlegene Kraft.   Vivekananda

Ja, meine Tage sind gezählt, und ICH habe sie gezählt durch meine Wünsche, Entschlüsse und Taten. Und wenn diese grauen, öden Tage zu Ende gehen, werde ich über diese Träume, die ich träumte, lachen; und ich werde diese irdische Türe hinter mir zuschlagen, und meinen Flug in die Ewigkeit beginnen.   S. Y.

Jeder Teil ist wie das Ganze; alles entspringt von dem Ganzen, von Gott.   V.

Steh auf hoher Ebene; kennen wir unsere universale Natur, so schauen wir mit vollkommener Ruhe auf das ganze Panorama dieser Welt.   Vivekananda

Ein eifriger Anhänger des Maharschi war in Aufregung, weil jemand in der Stadt abfällig über den Meister gesprochen und er es ihm nicht heimgezahlt hatte. Er fragte den Meister, was die Buße für dieses Versäumnis sein solle.

M.: Geduld, noch mehr Geduld! Toleranz — noch mehr Toleranz!

Sri Ramana Maharschi

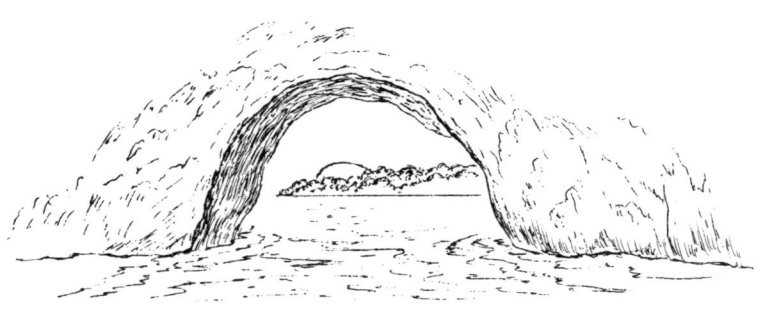

Weißt du wie ich Gott sehe? Ich sehe Ihn als das Ganze. Der Mensch und andere Geschöpfe scheinen mir als leere Hüllen, die ihren Kopf und ihre Glieder bewegen, aber der Inhalt in ihnen ist Gott.   Ramakrischna

Haben wir die drei größten »Gottesgaben«: einen menschlichen Körper, den heißen Wunsch, frei zu werden, und die Hilfe eines Menschen, der das Ziel erreicht hat, der uns den Weg weist, dann ist unsere Befreiung gewiß. Vivekananda

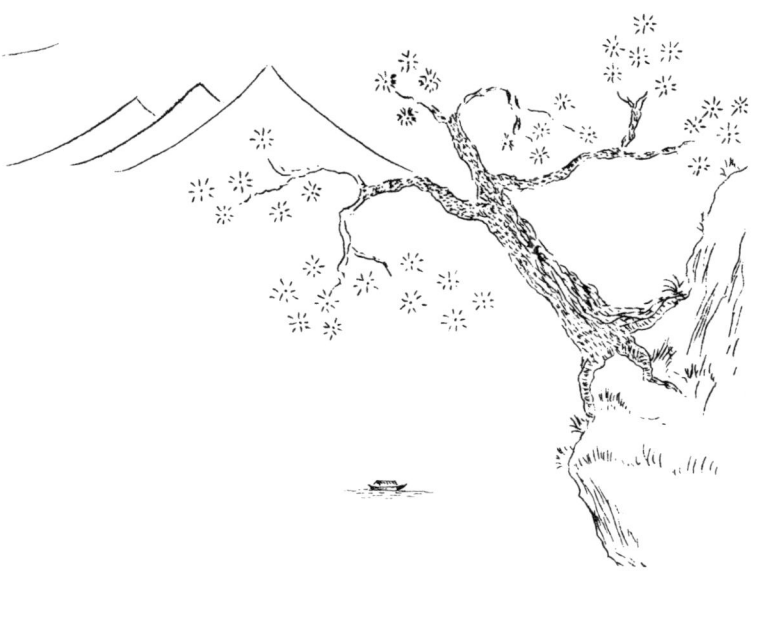

Du sollst zuerst über das SELBST hören. Höre Tag und Nacht, daß du das Selbst bist. Wiederhole es für dich Tag und Nacht, bis es in deine Ader hineinfließt, bis es in jedem deiner Bluttropfen prickelt, bis es in dir Fleisch und Knochen wird. Laß deinen ganzen Körper mit dieser einzigen Idee durchdringen: »Ich bin das nie geboren wordene, das nie sterbende, das absolut reine, das allwissende, allmächtige, ewig-glorreiche SELBST.« Alle deine Taten werden verherrlicht, transformiert, vergöttlicht, durch die wahre Macht des Gedankens. Wenn die Materie mächtig ist, so ist der Gedanke allmächtig.   Vivekananda

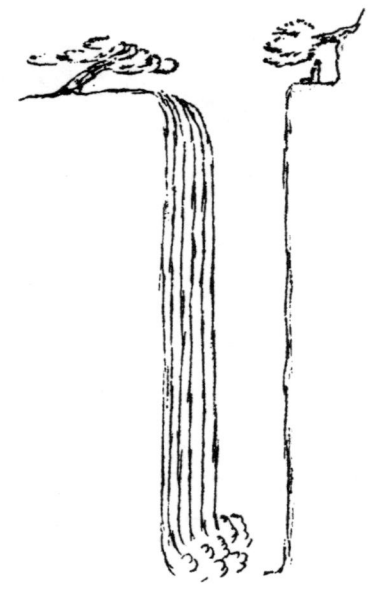

Sich jeglichem Geschehen gegenüber gleichmütig verhalten. Hinnehmen, was das Schicksal bringt und trotzdem unberührt bleiben. Jegliche Anstrengung unterlassen, um etwas zu erlangen oder zu vermeiden. Alles was kommt, mit unveränderlichem Gleichmut annehmen: Reichtum oder Armut, Lob oder Verachtung; Verzicht auf die Unterscheidung zwischen Tugend und Laster, ehrenvoll und schändlich, gut und böse. Niedergeschlagenheit vermeiden, ebenso fruchtlose Reue, was man auch getan, und anderseits sich nie überlegen oder stolz fühlen, was man auch ausgeführt haben mag.   Yogi Padmasambhava

Als das Endliche können wir niemals das Ewige ausdrücken;
aber wir sind das Ewige. Wenn wir das wissen, argumentieren wir mit niemandem.   Vivekananda

Es gibt keinen Mangel, es gibt kein Elend, die du nicht durch
das Bewußtsein der Kraft des Geistes in dir beseitigen
könntest. Glaube an diese Worte, und du wirst allmächtig
sein.   Vivekananda

Gegenwärtige Gedanken materialisieren sich. Der Mensch ist auch eine materialisierte Idee. Untersuche dich, ob dein Selbst etwas Materielles oder Geistiges ist.

Ramana Maharschi

So wie die Finsternis vor dem Licht entflieht, so entflieht auch die gefährlichste Sünde von dem Menschen, der Liebe ausstrahlt.
Tiruvalluvar

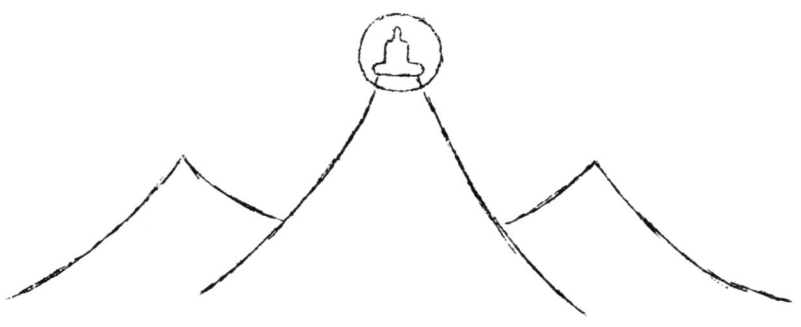

Du kannst sicher sein, daß, wenn Du der Wahrheit dienst, trotz der Versuchungen sie aufzugeben, Du eine himmlische Kraft erreichen wirst. Vor dieser Kraft werden die Menschen es nicht wagen, in Deiner Gegenwart Dinge zu sagen, die Du nicht wahr findest. Wenn Du der Wahrheit während vierzehn Jahren streng dienst, ohne von ihr abzuweichen, werden die Leute von dem, was Du ihnen sagst, überzeugt sein. So wirst Du den Massen den größten Segen schenken, ihre Ketten losschütteln und die ganze Nation erheben.

Vivekananda

Mensch! Welch gewaltiger Gedanke!
Aus der Unendlichkeit geschleudert
Das Spiel des Lebens und des Tods zu überwachen;
Schicksale zu erzeugen,
Geschicke in den Weltenraum zu wirbeln
Und zu lachen wenn sie bersten wie Raketen,
Die ihre Asche an die Ufer
Vergeßner Welten streun.   S. Y.

Bringe viel Licht in die Welt! Licht, bringe Licht! Licht soll auf jeden strahlen! Die Aufgabe ist nicht beendet, bis nicht alle zum Schöpfer gelangt sind. Bringe Licht den Armen und bringe noch mehr Licht den Reichen, denn sie brauchen es mehr als die Armen. Bringe Licht den Unwissenden und mehr Licht den Gebildeten, denn die Eitelkeit der Bildung unserer Zeit ist mächtig. So bringe Licht allen. Vivekananda

Geistigkeit muß auf die praktische Ebene des Lebens gebracht werden. Zu was ist sie sonst gut? Geistigkeit muß das Herz und das Heim, den Einzelnen und die Menge, die Gesellschaft und die Nation erheben. S. Y.

Ihr Gottheiten auf Erden! Sünder? Es ist eine Sünde, einen Menschen so zu nennen; das ist eine ständige Beleidigung der menschlichen Natur. Erhebet euch, ihr Löwen und schüttelt die Täuschung, daß ihr Schafe seid, ab, ihr seid unsterbliche Seelen, freie Geister, gesegnet und ewig. Ihr seid weder Materie noch Körper, die Materie ist euer Diener, nicht ihr seid die Diener der Materie.   Vivekananda

Sei Du der Pionier auf Deinem eignen Pfad
Und schreite kühn bei jedem wohlgemessnen Schritt
Mit unbeugsamen Willen verwandle Du in Taten
Die Gebote Deines einz'gen Führers,
Deines Gottes, Deines wahren Selbstes.   S. Y.

Das Selbst ist das ›Herz‹. Das ›Herz‹ ist selbstleuchtend. Wenn das LICHT aus dem ›Herzen‹ aufsteigt, und das Gehirn erreicht — den Sitz des Geistes — dann wird die Welt wahrgenommen, d. h. dank des reflektierten LICHTES des Selbstes — mit Hilfe des Geistes. D. h.: ist der Geist erhellt, dann gewahrt er die Welt; ist er es nicht, dann gewahrt er sie nicht. Wird er einwärts gewandt, der Quelle des LICHTES zu, dann hört jedes Objekterkennen auf und das Selbst strahlt allein als das ›Herz‹.

Der Mond leuchtet, indem er das Sonnenlicht zurückstrahlt und muß genügen, Objekte deutlich zu machen, nachdem die Sonne untergegangen ist. Geht sie aber auf, dann denkt niemand mehr an den Mond, wenn seine blasse Scheibe auch noch am Himmel zu sehen ist.

Ähnlich steht es mit dem Geist und dem ›Herzen‹. Der Geist ist ganz, infolge des von ihm reflektierten Lichtes; man benützt ihn, um Objekte zu erkennen. Wird er dagegen einwärts gewandt, dann erstrahlt die Quelle der Erleuchtung von selbst, und der Geist bleibt blaß und überflüssig wie der Mond im Tageslicht.   Ramana Maharschi

*

Frage: Was ist Illusion?
Ramana Maharschi: Wer täuscht sich? — Finden Sie das heraus, dann verschwindet die Illusion.
Immer möchten die Leute wissen was Täuschung, Maya, Illusion ist, und prüfen nicht, wer sich täuscht.

Wisse, o Weiser, daß der Mensch Leidenschaftslosigkeit und Unterscheidungsvermögen braucht wie der Vogel seine zwei Flügel. Ohne diese kann der Mensch die höchste Weintraube, woher der Nektar der Freiheit fließt, nie erreichen.

Sankaracharya

Glücklich bist du; du wirst dein Ziel erreichen; dein Geschlecht ist gesegnet in dir, denn du strebst darnach, der Ewige zu werden, indem du dich aus den Banden des Irrtums befreist.

Sankaracharya

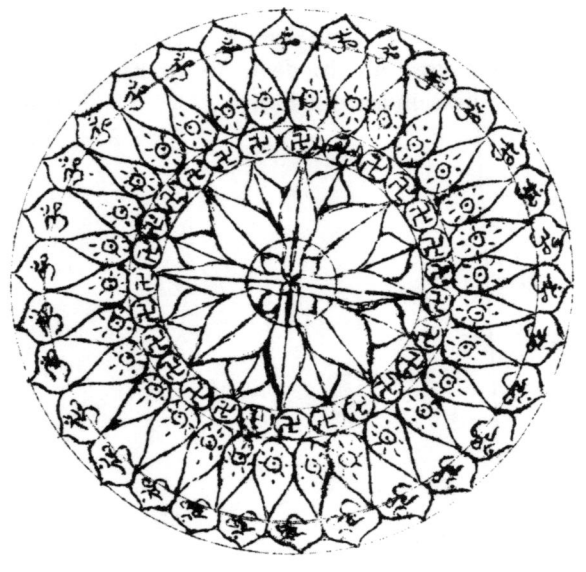

Ihr seid das Licht der Welt. Eine Stadt, die auf einem Berge liegt, mag nicht verborgen sein. Man zündet auch nicht ein Licht an und setzet es unter das Viertel, sondern auf den Leuchter, so leuchtet es allen denen, die im Hause sind. Also leuchte auch euer Licht vor den Menschen, damit sie eure guten Werke sehen, und euern Vater, der in Himmeln ist, preisen   Mathäus V. v. 14—16

Sogar der größte Sünder, der während hundert Verkörpe-
rungen gesündigt hat, wird von allen Sünden frei, wenn er,
sein göttliches Wesen, wenn auch nur für eine halbe Sekunde
verwirklichen kann. Er wird rein, vollkommen und göttlich
noch in diesem Leben.   Vedanta Phil.

Kennst du den wahren Sinn des Wortes Buddha? Es bedeutet, daß man durch ständiges Nachdenken über das Bewußtsein zum Bewußtsein selbst wird.   Ramakrischna

Es ist nicht möglich, das Absolute anzubeten, sondern nur eine Manifestation des Absoluten. Jesus hat die Natur des Menschen. Er wurde Christus. Auch wir können es werden, und wir *müssen* es werden. Christus und Buddha sind die Namen für einen Zustand, der erreicht werden soll. Jesus und Gautama waren die Gestalten, die den Zustand offenbarten.   Vivekananda

Steh auf, du Strahlender! Steh auf, du ewig Reiner! Steh auf, du, der du nie geboren warst und der du nie sterben kannst. Steh auf, du Allmächtiger. Offenbare deine wahre Natur. Diese niedrigen Offenbarungen sind deiner unwürdig.   Vivekananda

Ein Mensch, der sich durch und durch geläutert hat, vollbringt mehr als ein ganzes Regiment von Predigern. Aus Reinheit und Schweigen kommt das Wort der Macht.

Vivekananda

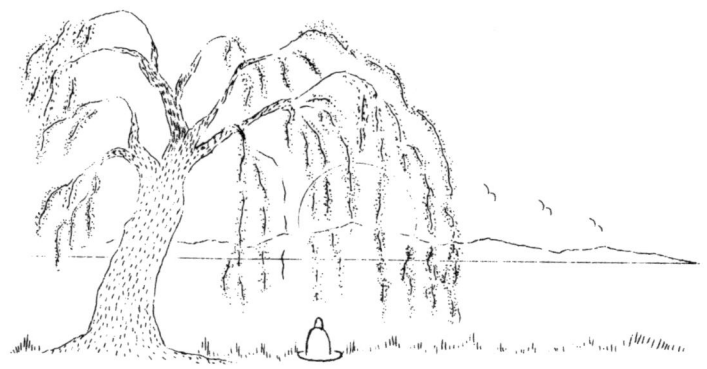

Der allergrößte Mensch gebraucht sein Herz wie einen Spiegel. Er geht den Dingen nicht nach und geht ihnen nicht entgegen; er spiegelt sie wider, aber hält sie nicht fest. Darum kann er die Welt überwinden und wird nicht verwundet. Er ist nicht der Sklave seines Ruhms; er hegt nicht Pläne; er gibt sich nicht ab mit den Geschäften; er ist Herr des Erkennens. Er beachtet das Kleinste und ist doch unerschöpflich und weilt jenseits des Ichs. Bis auf's Letzte nimmt er entgegen, was der Himmel spendet, und hat doch, als hätte er nichts. Er bleibt demütig. Dschuang Dsi

Wo bist Du zu finden, oh mein Schöpfer?
Wo kann ich Dich sehen, oh mein Herr?
Suche ich Dich in der Andachtsstunde des frühen Morgens?
Oder wenn die Abendschatten hernieder sinken?

Wo Leuchtkäfer den dunklen Waldweg erhellen,
Wo Bäche plaudernd zwischen Felsen schnellen,
Wo fahle Blitze in die Erde schießen,
Aus Donnerwolken Regenströme fließen,
Wo durch Todes Berührung Hoffnung zu dem Sterbenden
    dringt,
Wo die Geburt eines Kindleins allen Sonnenschein bringt,
Dort bist Du, oh Herr, und gibst Dich kund,
Dem, der Verehrung fühlt zu jeder Stund.   S. Y.

Ein Geist der von der Wahrheit erfüllt ist, muß sein Handeln auf das Endziel richten.   Mahatma Gandhi

»Nicht in alle Ewigkeit geht, was wir getan zugrunde.
Alles reift zu seiner Zeit und wird Frucht zu seiner Stunde.«

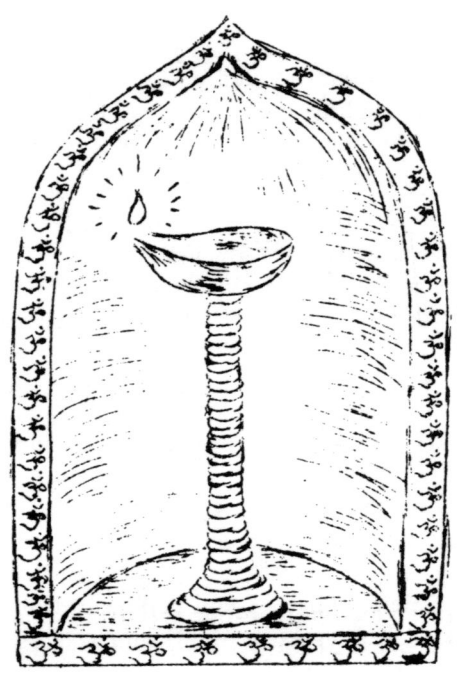

Das Leiden ist der unbeliebteste Lehrer, der uns in einsamen Stunden jene Lehren erteilt, die uns nottun.　S. Y.

Der Mensch, der Geschenke annimmt, steht geistig unter dem Einfluß des Gebers, und der Empfänger wird dadurch beeinflußbar. Geschenke anzunehmen bedeutet unsere geistige Unabhängigkeit aufzugeben und uns zu versklaven. Nimm daher keine Geschenke an.　Vivekananda

Sei schöpferisch und wachse bei jedem Schritt!
Tod ist die Schöpfung eines sterbenden Gemütes.
Leben ist die Schöpfung eines lebendigen Gemütes.　S. Y.

Der Mensch wird durch die Verhältnisse geformt, und er ist es selbst, der sie verursacht.　S. Y.

46

Was ist Gott?

Der in der Erde wohnt —, und doch von der Erde verschieden ist —, den die Erde nicht kennt —, dessen Leib die Erde ist, der die Erde innerlich regiert —, DER ist dein SELBST, DEIN INNERER Lenker, dein Unsterbliches.

Der in dem Himmel wohnt —, und doch von dem Himmel verschieden ist — den der Himmel nicht kennt —, dessen Leib der Himmel ist —, der den Himmel innerlich regiert —, DER ist dein SELBST, dein innerer Lenker, dein Unsterbliches.

Der in dem Licht wohnt —, und doch von dem Licht verschieden ist —, den das Licht nicht kennt —, dessen Leib das Licht ist —, der das Licht innerlich regiert —, DER ist dein SELBST, dein innerer Lenker, dein Unsterbliches.

Der in dem Atem wohnt —, und doch von dem Atem verschieden ist —, den der Atem nicht kennt —, dessen Leib der Atem ist —, der den Atem innerlich regiert —, DER ist dein SELBST, dein innerer Lenker, dein Unsterbliches.

Der in dem Denken wohnt —, und doch von dem Gedanken verschieden ist —, den der Gedanke nicht kennt —, dessen Leib der Gedanke ist —, der das Denken innerlich regiert —, DER ist dein SELBST, dein innerer Lenker, dein Unsterbliches.

Der in der Erkenntnis wohnt —, und doch von der Erkenntnis verschieden ist —, den die Erkenntnis nicht kennt —, dessen Leib die Erkenntnis ist, der die Erkenntnis innerlich regiert —, DER ist dein SELBST, dein innerer Lenker, dein Unsterbliches.

ER ist sehend —, nicht gesehen —, hörend —, nicht gehört —, verstehend —, nicht verstanden —, erkennend —, nicht erkannt; nicht gibt es außer IHM einen Sehenden —, einen Hörenden —, einen Verstehenden —, einen Erkennenden —, ER ist dein SELBST, dein innerer Lenker, dein UNSTERB-LICHES!   Upanischaden

OM

Ein Vater hatte zwei Söhne. Als sie das Alter dafür erreicht hatten, wurden sie in den Stand der Einzuweihenden (brahmatscharya) aufgenommen und der Obhut eines religiösen Erziehers übergeben, um die Veden zu studieren.

Nach langer Abwesenheit kehrten die Knaben nach Hause zurück, nachdem sie ihre Studien beendet hatten. Ihr Vater fragte sie, ob sie den Vedanta gelesen hätten. Als sie es bejahten, fragte er: »Was ist das Brahman?« (Gott).

Absender:

Senden Sie mir das Infomaterial an folgende Adresse:

Name, Vorname

Straße

PLZ/Ort

Antwortkarte

Bitte
ausreichend
frankieren

DREI EICHEN VERLAG
Abt. Leserservice
Etzstraße 43a

D-8300 Ergolding

Leserservice

Bitte senden Sie mir kostenlos Infomaterial und halten Sie mich über Neuerscheinungen aus Ihrem Verlags-
programm auf dem Laufenden. (Zutreffendes bitte ankreuzen ☒)

☐ Lebenshilfe,
  Lebensphilosophie

☐ Meditation, Yoga,
  Östliche Weisheiten

☐ Naturheilkunde

☐ Leben nach dem Tode

☐ Einweihung

☐ Geschenkbändchen

☐ Altes Wissen

☐ Schicken Sie mir Ihr
  komplettes Verlagsverzeichnis

Bitte Absender auf der Rückseite nicht vergessen! ▲

Der Älteste, der die Veden und andere heilige Schriften anführte, entgegnete: »O Vater, es kann durch das gesprochene Wort oder durch Verstandeskraft nicht begriffen werden. O, es ist so und so. Ich weiß alles darüber.« Dann fing er an, vedische Texte anzuführen.

Der Vater sagte: »Du hast also das Brahman erkannt! So magst du an deine Arbeit gehen.« Dann fragte er den jüngeren Sohn dasselbe. Doch der Knabe saß völlig stumm da. Weder sagte er irgend ein Wort, noch machte er den geringsten Versuch zu sprechen.

Da sagte der Vater: »Nichts kann über das Absolute und Unbedingte ausgesagt werden! Kaum daß du von ihm redest, bestimmst du auch schon das Unendliche mit Begriffen des Endlichen, das Absolute mit Begriffen des Relativen, das Unbedingte mit Begriffen des Bedingten. Dein Schweigen ist beredter als das Hersagen einiger hundert Verse und das Anführen einiger hundert Autoritäten.   Ramakrischna

Ein Angler fing in einem Teich Fische. Der Avadhuta (Bettelmönch) näherte sich ihm und fragte: »Bruder, welcher Weg führt nach dem und dem Ort?« Gerade zeigte der Schwimmer an, daß ein Fisch vorsichtig am Köder anbeiße. So gab der Mann keine Antwort, sondern richtete seine ganze Aufmerksamkeit auf die Angelrute. Als der Fisch gefangen war, drehte er sich um und fragte: »Was sagtet Ihr, Herr?« Der Mönch verneigte sich vor ihm und sprach: »Herr, Ihr seid mein Guru (Geistiger Führer). Wenn ich in Betrachtung des Höchsten Selbst versunken bin, laßt mich Eurem Beispiel folgen und auf nichts anderes achten, ehe nicht meine Andacht beendet ist!«   Ramakrischna

Ganganadi

Geh in dich hinein und hole die Upanischaden aus deinem
eigenen Selbst heraus; du bist das größte Buch, das jemals
war und jemals sein wird, die unendliche Schatzkammer von
allem, was ist. Alle äußere Belehrung ist vergebens, solange
der innere Lehrer nicht erwacht. Es muß dazu führen, daß
das Buch des Herzens sich öffnet, um wertvoll zu sein.

Vivekananda

So möge mein Gesang Dich tragen
In meiner Träume Land, ins grenzenlose.
Und mit dem Flügelschlag der Nacht,
Ach! mögest Du von Stern zu Stern entschweben,
Des Schlummers Schoß verlassend,
Durch viele Welten wandern,
Und schließlich dann Dich heimwärts wenden
Im goldnen Schein der Morgenröte,
Auf daß des jungen Tages unberührte Schönheit,
Geliebter, Dir die Augen öffne.   S. Y.

Wenn du in dieser Kraft der Wahrhaftigkeit stehst, wirst du nicht einmal im Traum die Unwahrheit sagen können. Du wirst in Gedanken, Worten und Taten wahrhaftig sein. Alles was du sagst, wird die Wahrheit sein. Du kannst einem Menschen sagen: »sei gesegnet«, und er wird gesegnet sein. Wenn ein Mensch krank ist und du ihm sagst: »sei gesund«, so wird er sofort gesund sein. Vivekananda

Wenn die Person still ist, kann dein höheres Selbst sprechen. E. Haich

O Du Vorsichtiger, fürchte Dich nicht. Für Dich gibt es keine Gefahr. Es ist ein Weg, um den Ozean des irdischen Lebens zu durchqueren. Es gibt eine göttliche Kraft, um dem Entsetzen dieses irdischen Lebens ein Ende zu machen. Durch diese kannst du den Welt-Ozean durchqueren und das höchste Heil erreichen. Sankaracharya

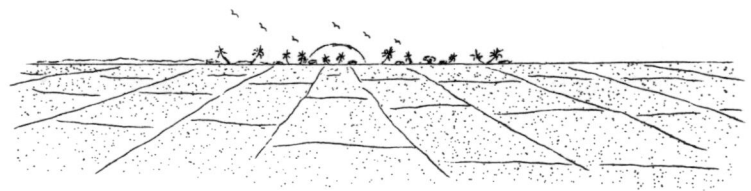

Geistigkeit hat nichts zu tun mit Sentimentalität. Geistigkeit erlaubt auch keine gleichgültige Haltung in einer unge-
sunden oder unannehmbaren Situation. Der wahrhaftige
Mensch kennt keine Kompromisse. Sei aufrichtig, offen und
frei, so wie es die gegebene Situation verlangt.   S. Y.

    Aktivität richtig entsagt bringt Freiheit.
    Aktivität richtig ausgeführt, bringt Freiheit.
    Beide sind besser, als sich vor Aktivität zu scheuen.
                      Bhagavad Gita

Entlade dein Schiff von Leidenschaften und Haß, o Segler,
so wirst du leicht in die Freiheit segeln   Elisabeth Haich

Dein eigener Wille ist das einzige, was auf deine Gebete
antwortet; aber er erscheint jedem Geist in der Verkleidung
verschiedener religiöser Vorstellungen. Wir mögen ihn
Buddha, Jesus, Krischna, Jehova, Allah, Agni nennen; aber
er ist stets das Selbst, das Ich.   Vivekananda

Was für ein tiefes Glück ist es, wachsen zu können und sich
göttlich zu entfalten. Denke nur zurück an deine Vergangenheit und vergleiche sie mit deiner Gegenwart, dann
siehst du den langen Entwicklungsweg, den du gegangen
bist. All unser wirkliches Wissen beruht nur auf eigenen
Erfahrungen. Innerer Fortschritt allein macht den Menschen
glücklich.   S. Y.

S: Wie kann ich meine Gedanken beherrschen?
M: Wenn das Selbst verwirklicht ist, gibt es keine Gedanken
mehr zu beherrschen. Es gibt nur Betrachtung.

Sri Ramana Maharschi

Die Stärke einer Nation liegt nicht in ihrer Armee, sondern
in ihren sittlich hochstehenden Menschen. Eine kleine Zahl
genügt, um die wahren sittlichen Kräfte des Volkes durch die
Macht des Beispiels zu erwecken. Denn gibt es eine stärkere
Kraft als die sittliche?   S. Y.

Was wir brauchen ist eine Menschen-formende Religion!
Wir brauchen Männer! Männer mit Muskeln aus Eisen und
Nerven aus Stahl.   Vivekananda

Nicht Liebe ist blind, sondern Wollust. Die Menschen werden durch sinnliche Begierden geblendet. Liebe macht frei
von Wollust und macht sehend.   S. Y.

Sei furchtlos und stark. Die Welt achtet nur ihre Helden.

S. Y.

Krischna's Tanz auf der fünfköpfigen Schlange. Herrschaft
des Geistes über die fünf Sinne.

*

Ehre beides: Geist und materielle Form, den innewohnenden
Gedanken so gut wie das sichtbare Symbol. Sri Ramakrischna

*

Der Mittelpunkt jeder bestehenden Religion ist ein großer
Lehrer, der Wahrheit verkündet; die Massen folgen ihm.
Ohne den Lehrer zerfällt das religiöse Gebäude. Die Veden
sind die einzigen heiligen Lehren, welche nicht auf einer
bestimmten Persönlichkeit oder Schrift gründen, sondern
den Menschen als solchen zum Mittelpunkt der Evolution
machen und ihn zu seiner letzten Stufe, der Göttlichkeit,
erheben. Ihre Gesetze sind allumfassend und leiten des
Menschen innere Entfaltung. Die Veden heben das innerste
Wesen des Menschen hervor — wobei es keine Rolle spielt,
welchem Glauben er anhängt — und helfen ihm, sein Ziel
zu verwirklichen. Deshalb betrachtet man sie als eine Uni-
versal-Religion, die einen Menschen, innerhalb seines be-
sonderen Glaubensbekenntnisses, hebt. S. Y.

Wer seine tierischen Kräfte in Geistesmacht umwandeln kann, der speichert unermeßliche Energien in sich auf. Jeder Fortschritt gründet sich auf der Beherrschung der tierischen Kräfte in uns. Läßt du diese Kräfte los, so ziehen sie dich erbarmungslos hinunter; vermagst du sie jedoch in geistige Kräfte umzuwandeln, so wandeln sie den Menschen in ein göttliches Wesen um. S. Y.

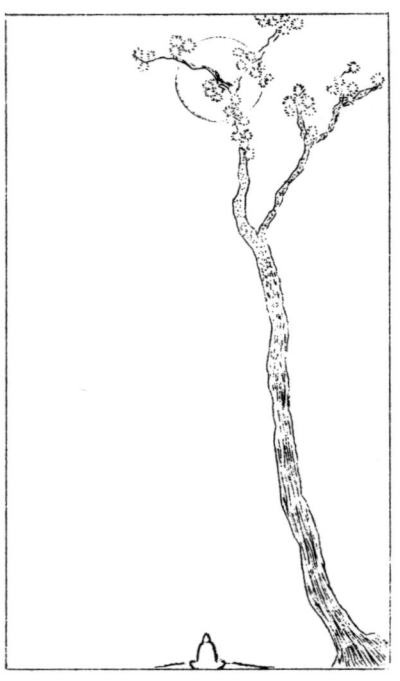

Wer ist blind? Der seine Lust hat an dem, was er nicht tun sollte.

Wer ist taub? Der auf heilsame Worte nicht hört.

Wer ist stumm? Der zu rechter Zeit nichts Liebes zu sagen versteht.   Indische Sprüche

*

Hat man es einmal so weit gebracht, als menschliches Wesen geboren zu werden, so wäre es schade, dieses Menschenleben durch unsinnige oder bösartige Handlungen zu vergeuden und dann, als Abschluß eines gemeinen Daseins, zu sterben.

Tagpo Lhadje

*

Ein aufrichtiger Gedanke kann Himmel und Erde bewegen.

Chinesisches Sprichwort

Wenn du überhaupt Gutes tust, tust du es für dich. Fühle, daß der Empfänger höher steht. Du dienst dem andern, weil du niedriger bist, und nicht weil er niedriger und du hochstehend bist. Spende, wie die Rose ihren Duft gibt, weil es ihrer eigenen Natur entspricht. Vivekananda

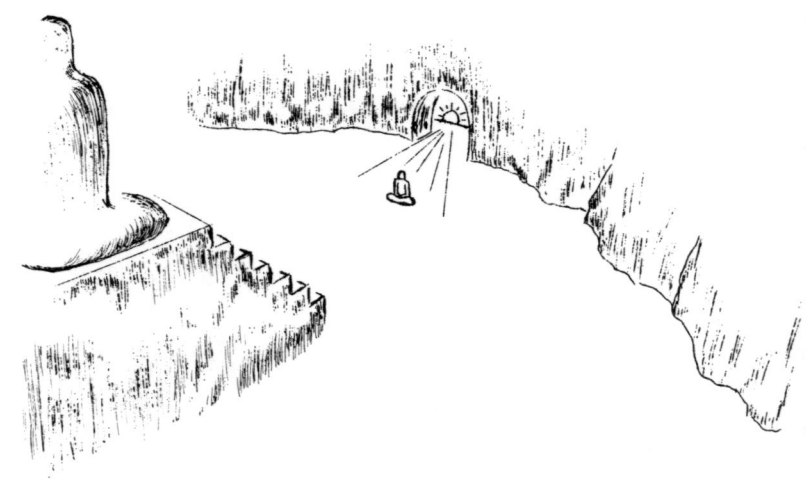

In ewigem Flackern glüht und leuchtet diese kleine Ampel.
Versunken in die Tiefen der Stille
hat nichts anderes mehr Bedeutung, als zu wissen:
»ICH BIN!«   S. Y.

Deine Denkweise soll in geistigen Dingen genau so rational sein, wie in den Angelegenheiten des täglichen Lebens. Die äußeren Aufgaben verlangen rationales Denken. Das geistige Leben verlangt ein tausendfaches Maß an rationalem, exaktem, gut fundiertem Denken. S. Y.

Gebet ist eine wunderbare Hilfe, denn es ist die einzige Gelegenheit, sich wirklich selber zu helfen. S. Y.

Was ist der Weg zum Himmel?
Wahrhaftigkeit.

Wie findet ein Mensch das Glück?
Durch richtiges Benehmen.

Was muß er unterwerfen, um Kummer zu vermeiden?
Seine Gedanken.

Wann wird ein Mensch geliebt?
Wenn er ohne Eitelkeit ist.   Mahabharata

Das Selbst ist nicht nur am leichtesten kennenzulernen, sondern außer ihm gibt es überhaupt nichts anderes zu erkennen. Alles, was nötig ist, das Selbst zu verwirklichen, ist STILL ZU SEIN. Und was wäre leichter als das?

Bhagavan Ramana Maharschi

Lerne verstehen, daß du nur dann geistig bist, wenn du beginnst, Gott im Menschen zu erkennen, wenn du begreifst, daß es der Geist ist, der alles durchdringt: den hellen Kristall, die lächelnde Blume, das stumme Tier, den denkenden Menschen.   S. Y.

Keiner ist zu niedrig geboren, um nicht emporsteigen zu können. Wer emporsteigt, kommt aus der Tiefe.   S. Y.

Grenzenlos kann die Woge nur werden, wenn sie ins Meer zurückfällt; als Woge kann sie nur begrenzt sein. Nachdem sie Meer geworden ist, kann sie wieder Woge und so groß werden, wie sie mag. Höre auf, dich mit Falschem zu identifizieren, und wisse: du bist frei. Vivekananda

Es gibt jedoch eine Unreinheit, die alle Unreinheiten über-
trifft — und das ist die Unwissenheit. O Weiser, wirf jene
Unreinheit ab und sei frei von allen Unreinheiten.

Dhammapada

*

Wer sich um die üble Rede anderer nicht kümmert, besiegt
alles.   Mahabharata

*

Zwischen dem, der unermüdlich jeden Monat während hundert Jahren Opfer darbringt, und demjenigen der nie über
etwas in Wut gerät, ist ohne Zweifel derjenige, der nie Zorn
fühlt, der Höherstehende.   Mahabharata

Ich kenne sie nicht, die Wege dieser Welt und ich weiß nicht,
was ich tun soll. Leite DU meine Schritte, auf daß ich richtig
handle und niemals wankend werde aus Furcht oder Scham.

S. Y.

Schüler: Ist Einsamkeit dem Üben förderlich?
Meister: Was nennen Sie Einsamkeit?
Schüler: Sich von anderen fernzuhalten.
Meister: Wozu sollte das gut sein? Das sagt Ihnen nur die Angst und Unsicherheit. In der Einsamkeit würden Sie nur fürchten, daß Sie durch Eindringlinge gestört werden. Im übrigen: Wie wollen Sie die Gedanken in der Einsamkeit besser auslöschen können? Ginge das nicht ebenso in Ihrer jetzigen Umgebung?   Sri Ramana Maharschi

Derjenige ist wirklich ein geistiger Mensch, der einen unerschütterlichen Glauben an sich selbst hat und fähig ist, diesen auch in seinen einfachsten Gedanken und täglichen Handlungen zu verwirklichen.   S. Y.

Yoga-Übungen durch das Jahr

1. Vollständige Yogi-Atmung (Ruhe) 7 x

2. Murcha (Atempause 7—30 Sek. mit Kinn-
   presse) Willenskraft 3 x

3. Brustkorb klopfen. (Während des Einatmens
   Brustkorb mit Fingerspitzen schnell klopfen.
   Atem anhalten, mit Handflächen schnell
   klopfen) 3 x

4. Sonnenkraft-Entwicklung 3 M

5. Bauch- und Bein-Muskel-Übung 3 x

6. Bhudschangendrasana (Nervenkraft) 3 x

7. Matsyasana (Ruhe) 3 x

8. Kreuz-Übung 3 x

9. Hastapadangustasana (Stabilität) 3 x

10. Lauliki-yoga (Einatmen, Bauchwand ausdeh-
    nen, ausatmen, Bauch von links nach rechts
    stark mit Handflächen pressen) 3 x 7 x

11. Ardha-halasana (Elastizität) 3 x

12. Sirschasana 3 x

13. Meditation (Einheit) 5 M

14. Sawasana (Ruhe) 5 M

OM

1. Vollständige Yogi-Atmung (Ruhe)   7 x

2. Murcha (Atempause 5—30 Sek. mit Kinn-
presse) Willenskraft   3 x

3. Beschleunigte Wechsel-Atmung rechts und
links (Reinheit)   3 x

4. Sitkari (Zwischen Zungenspitze und Gaumen
einatmen) Reinheit   10 x

5. Yoga-mudra mit Faust am Bauch (Gesundheit)   3 x

6. Ardha-matsyendrasana (Nervenkraft)   3 x

7. Dschanusirasana I (Widerstandskraft)   3 x

8. Dschanusirasana II (Widerstandskraft)   3 x

9. Bhegasana (Elastizität)   3 x

10. Gokarnasana (Form und Schönheit)   3 x

11. Nataradschasana (Form und Schönheit)   3 x

12. Wiparita-karani mit augenstärkenden Übungen   3 x

13. Meditation   5 M

14. Sawasana (Ruhe)   5 M

OM

1. Vollständige Yogi-Atmung (Ruhe) 7 x

2. Murcha (Atempause 7—30 Sek. mit Kinn-
   presse) Willenskraft 3 x

3. Bastrika (Beschleunigte Voll-Atmung) Reinheit 10 x

4. Sitali (Durch rohrförmige Zunge einatmen)
   Blutreinigung 14 x

5. Pawanamuktasana (Knie stark umarmen)
   Gesundheit 3 x 7 x

6. Bhudschangendrasana (Nervenkraft) 3 x

7. Dschanusirasana horizontal (Widerstandskraft) 3 x

8. Dschanusirasana vertikal (Widerstandskraft) 3 x

9. Dolasana (Form und Schönheit) 3 x

10. Nataschira Wadschrasana (Kraft) 3 x

11. Wadschroli-mudra (Kraft) 3 x

12. Ardha-sarwangasana (Ruhe) 3 x

13. Meditation (Einheit) 5 M

14. Sawasana (Ruhe) 5 M

OM

1. Vollständige Yogi-Atmung (Ruhe)   7 x

2. Murcha (Atempause 7—30 Sek. mit Kinn-
   presse) Willenskraft   3 x

3. Lungenreinigende Atmung (Brustkorb während Einatmung mit Fingerspitzen klopfen,
   Atem anhalten und mit Handflächen klopfen)   3 x

4. Reinigende Atmung   3 x

5. Ustrasana (Elastizität)   3 x

6. Pastchimotanasana (Gesundheit)   3 x

7. Ardha-matsyendrasana II (Selbstvertrauen)   3 x

8. Trikonasana (Ich bin gerade im Körper und
   in der Seele)   3 x

9. Trikonasana (Nervenkraft)   3 x

10. Beine stark gespreizt nach vorne beugen,
    Handflächen, Ellbogen und Kopf auf den
    Boden. Ruhig atmen. Nach 7—10 Sek. auf-
    stehen.   3 x

11. Wrksasana (Gleichgewicht)   3 x

12. Halasana (Ruhe)   3 x

13. Meditation (Einheit)   5 M

14. Sawasana (Ruhe)   5 M

OM

1. Bauch, mittlere, obere und vollständige Yogi-Atmung je 7 x

2. Murcha (Atempause 7—14 Sek. mit Kinn-presse) Willenskraft 3 x

3. Reinigende Atmung sitzend 3 x

4. »S« Atmung sitzend (Reinheit) 3 x

5. Wakrasana (Nervenkraft) 3 x

6. Yoga-mudra mit Faust am Bauch (Gesundheit) 3 x

7. Bhudschangasana (Nervenkraft) 3 x

8. Ardha-salabhasana (Nieren) Reinheit 3 x

9. Trikonasana (Nervenkraft) 3 x

10. Uddijana-bandha (Bauch stark einziehen) Widerstandskraft 3 x

11. Uddijana-bandha stehend (Widerstandskraft) 3 x

12. Wiparita-karani (Ruhe) 3 x

13. Meditation (Einheit) 5 M

14. Sawasana (Ruhe) 5 M

OM

1. Vollständige Yogi-Atmung (Ruhe)   7 x

2. Murcha (Atempause 7—30 Sek. mit Kinn-
   presse) Willenskraft   3 x

3. HA-Atmung liegend, langsam (Reinheit)   3 x

4. HA-Atmung stehend, langsam (Reinheit)   3 x

5. Bhudschangasana (Nieren) Reinheit   3 x

6. Bhudschangendrasana (Rückgrat) Kraft   3 x

7. Maha-mudra (Widerstandskraft)   3 x

8. Wakrasana (Nervenkraft)   3 x

9. Tadaghi-mudra (Bauch stark einziehen)
   Widerstandskraft   3 x

10. Dolasana (Rückgrat) Elastizität   3 x

11. Ardha-chandrasana (Elastizität)   3 x

12. Sarwangasana (Schilddrüse) Ruhe   3 x

13. Meditation (Einheit)   5 M

14. Sawasana (Ruhe)   5 M

OM

1. Bauch, mittlere, obere und vollständige Yogi-Atmung   je 7 x

2. Murcha (Atempause 7—14 Sek. mit Kinn-presse) Willenskraft   3 x

3. HA-Atmung plötzlich, liegend (Reinheit)   3 x

4. Bastrika (Blasebalg-Atmung. Abwechselnd rechts und links)   je 7 x

5. Yoga-mudra (Gesundheit)   3 x

6. Padahastasana (Widerstandskraft)   3 x

7. Bhudschangasana (Nervenkraft)   3 x

8. Wakrasana (Nervenkraft)   3 x

9. Dschanusirasana (Widerstandskraft)   2 x

10. Ekapadahastasana I (Form und Schönheit)   2 x

11. Ekapadahastasana II (Form und Schönheit)   2 x

12. Wiparita-karani (Ruhe)   3 x

13. Meditation (Einheit)   5 M

14. Sawasana (Ruhe)   5 M

OM

1. Vollständige Yogi-Atmung (Pranakörper-Entwicklung) 7 x

2. Tief einatmen, vollständige Ausatmung, Brustkorb und Bauchmuskeln spannen, ohne Atmung 7 Sek. bleiben. Tief einatmen 3 x

3. Sukh-purwak einatmen während 4 Sek. Atem anhalten 16 Sek. Ausatmen 8 Sek. (Gleichgewicht und Harmonie) 3 x

4. Bastrika (Blasebalg-Atmung) Abwechselnd (Reinheit) 3 x

5. Parschwa-bhunamanasana (Widerstandskraft) 3 x

6. Wakrasana Variation (Nervenkraft) 3 x

7. Ardha-matsyendrasana (Nervenkraft) 3 x

8. Rabenstellung (Gleichgewicht) 3 x

9. Dolasana (Form und Schönheit) 3 x

10. Ardha-bhudschangasana (Nervenkraft) I und II je 2 x

11. Salabhasana (Nieren) Reinheit 3 x

12. Sarwangasana (Ruhe) 3 x

13. Meditation (Einheit) 5 M

14. Sawasana (Ruhe) 5 M

OM

1. Vollständige Yogi-Atmung (Ruhe)   7 x

2. Murcha (Atempause 7—30 Sek. mit Kinnpresse) Willenskraft   3 x

3. Pranayama Nr. I (Widerstandskraft)   3 x

4. Brustkorb klopfende Übung. Langsam einatmen, Brustkorb mit Fingerspitzen schnell klopfen. Atem anhalten, Brustkorb mit Handflächen klopfen (Lungen-Reinigung)   3 x

5. Wakrasana (Nervenkraft)   2 x

6. Wakrasana Variation (Nervenkraft)   2 x

7. Ardha-bhudschangasana (Form und Schönheit)   3 x

8. Parschwa-bhunamanasana (Elastizität)   3 x

9. Uddijana-bandha stehend (Selbstbeherrschung)   3 x

10. Natapadasana (Kraft)   3 x

11. Fuß-Übungen   3 M

12. Sirschasana oder Wiparita-karani   3 x

13. Meditation (Einheit)   5 M

14. Sawasana (Ruhe)   5 M

OM

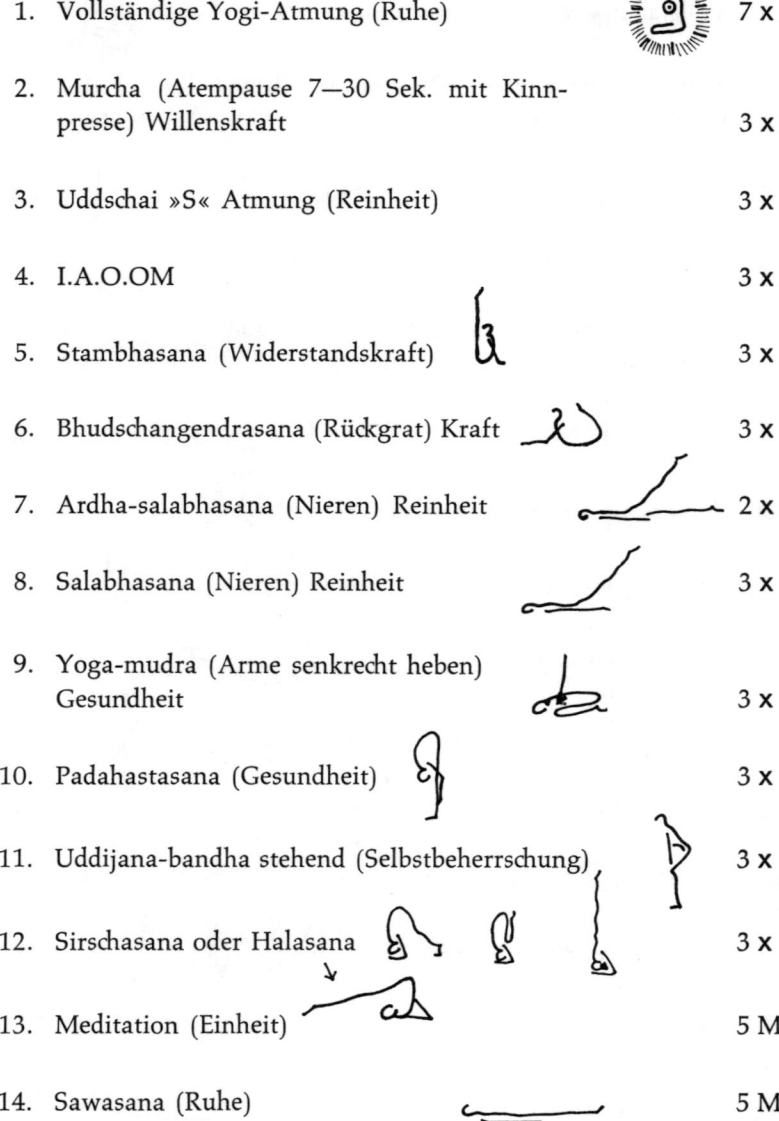

1. Vollständige Yogi-Atmung (Ruhe)   7 x

2. Murcha (Atempause 7—30 Sek. mit Kinn-
   presse) Willenskraft   3 x

3. Uddschai »S« Atmung (Reinheit)   3 x

4. I.A.O.OM   3 x

5. Stambhasana (Widerstandskraft)   3 x

6. Bhudschangendrasana (Rückgrat) Kraft   3 x

7. Ardha-salabhasana (Nieren) Reinheit   2 x

8. Salabhasana (Nieren) Reinheit   3 x

9. Yoga-mudra (Arme senkrecht heben)
   Gesundheit   3 x

10. Padahastasana (Gesundheit)   3 x

11. Uddijana-bandha stehend (Selbstbeherrschung)   3 x

12. Sirschasana oder Halasana   3 x

13. Meditation (Einheit)   5 M

14. Sawasana (Ruhe)   5 M

OM

1. Vollständige Yogi-Atmung (Ruhe)   7 x

2. Murcha (Atempause 7—30 Sek. mit Kinn-
   presse) Willenskraft   3 x

3. Brustkorb klopfen. Während des Einatmens
   Brustkorb mit Fingerspitzen schnell klopfen.
   Atem anhalten, mit Handflächen klopfen.
   Reinheit   3 x

4. Sitali (Durch rohrförmige Zunge einatmen)
   Blutreinigung   3 x 9 x

5. Trikonasana (Ich bin gerade im Körper und in
   der Seele)   3 x

6. Trikonasana Variation (Nervenkraft)   3 x

7. Pawanamuktasana liegend (Gesundheit)
   Knie stark umarmen   3 x 9 x

8. Lauliki-yoga (Gesundheit)   3 x

9. Ardha-bhudschangasana (Elastizität)   3 x

10. Ardha-salabhasana (Nieren) Reinheit   3 x

11. Ustrasana (Elastizität)   3 x

12. Wiparita-karani (mit augenstärkenden
    Übungen)   3 x

13. Meditation (Einheit)   5 M

14. Sawasana (Ruhe)   5 M

OM

1. Vollständige Yogi-Atmung (Ruhe)   7 x

2. Murcha (Atempause 7—30 Sek. mit Kinn-
   presse) Willenskraft   3 x

3. HA-Atmung liegend, langsam (Reinheit)   3 x

4. HA-Atmung stehend, langsam (Reinheit)   3 x

5. Dhrityasana (Stabilität)   3 x

6. Dhanurasana (Elastizität)   3 x

7. Bhudschangasana (Nervenkraft)   3 x

8. Wakrasana (Nervenkraft)   3 x

9. Ekapahastasana I und II (Form und
   Schönheit)   je 2 x

10. Dschanusirasana vertikal (Form und
    Schönheit)   2 x

11. Dschanusirasana horizontal (Form und
    Schönheit)   2 x

12. Halasana (Beine gespreizt)   3 x

13. Meditation (Einheit)   5 M

14. Sawasana (Ruhe)   5 M

OM

1. Vollständige Yogi-Atmung (Ruhe)   7 x

2. Murcha (Atempause 7—30 Sek. mit Kinn-
   presse) Willenskraft   3 x

3. Sukh-purwak (4—16—8 Sek.) Wechsel-
   Atmung. Harmonie   5 x

4. Pranayama Nr. 4 (Kraft)   3 x

5. Chakrasana (Radstellung) Elastizität   3 x

6. Dhrityasana (Entschlossenheit)   3 x

7. Pastchimotanasana (Gesundheit)   3 x

8. Supta-wadschrasana (Ruhe)   3 x

9. Mayurasana (Gleichgewicht)   3 x

10. Gokarnasana (Form und Schönheit)   3 x

11. Hasta Padasana (Beine stark gespreizt. Zehe
    halten und nach vorne beugen beim Aus-
    atmen)   3 x

12. Sirschasana   3 x

13. Wiparita-karani   3 x

14. Meditation (Einheit)   5 M

15. Sawasana (Ruhe)   5 M

OM

1. Vollständige Yogi-Atmung (Ruhe)   7 x

2. Murcha (Atempause 7—30 Sek. mit Kinn-
   presse) Willenskraft   3 x

3. Pranayama Nr. 3   3 x

4. Pranayama Nr. 4   3 x

5. Lauliki-mudra (Bauch-Massage)   3 x

6. Yoga-mudra mit Faust am Bauch (Gesundheit)   3 x

7. Wadschroli-mudra (Widerstandskraft)   3 x

8. Bhudschangasana (Nervenkraft)   3 x

9. Salabhasana (Nieren) Reinheit   3 x

10. Matsyasana (Ruhe)   3 x

11. Augenstärkende Übungen: Brumadya
    Drischti: Zwischen den Augenbrauen fixieren.
    Nasagra Drischisti: Nasenspitze fixieren   je 3 x

12. Sarwangasana   3 x

13. Meditation (Einheit)   5 M

14. Sawasana (Ruhe)   5 M

OM

1. Vollständige Yogi-Atmung (Pranakörper-
   Entwicklung)   7 x

2. Murcha (Atempause 7—30 Sek. mit Kinn-
   presse) Willenskraft   3 x

3. Pranayama Nr. 6   3 x

4. Pranayama Nr. 7   3 x

5. Wibhakta-dschanusirasana (Widerstandskraft)   3 x

6. Nataschira-wadschrasana (Kraft)   3 x

7. Dschanusirasana vertikal (Widerstandskraft)   2 x

8. Dschanusirasana horizontal (Widerstandskraft)   2 x

9. Dolasana (Elastizität)   3 x

10. Lauliki-yoga (Bauch-Massage) Gesundheit   3 x

11. Fuß-Übungen   3 M

12. Wiparita-karani mit Zungenübung   3 x

13. Meditation (Einheit)   5 M

14. Sawasana (Ruhe)   5 M

OM

1. Vollständige Yogi-Atmung (Pranakörper-Entwicklung) 7 x

2. Murcha (Atempause 7—30 Sek. mit Kinn-presse) Willenskraft 3 x

3. Ha-Atmung liegend, plötzlich (Reinheit) 3 x

4. Pranayama Nr. 4 (Kraft) 3 x

5. Wakrasana (Nervenkraft) 3 x

6. Trikonasana (Variation) Nervenkraft 3 x

7. Trikonana (Variation) (Ich bin gerade im Körper und in der Seele) 3 x

8. Mantrams:
Meine Widerstandskraft entwickelt sich von Moment zu Moment.
Meine Willenskraft entwickelt sich von Moment zu Moment.
Jedes Organ arbeitet besser und besser von Moment zu Moment.
Ich offenbare das Leben im Körper und in der Seele.
Ruhe und Frieden.
Om — Om — Om je 3 x

9. Pawanamuktasana (Knie stark umarmen) Gesundheit 3 x 9 x

10. Natapadasana (Kraft) 3 x

11. Bauch- und Bein-Muskel-Übung 3 x

12. Sirschasana 3 x

13. Meditation 10 M

14. Sawasana 10 M

OM

1. Vollständige Yogi-Atmung (Ruhe)   7 x

2. Murcha (Atempause 7—30 Sek. mit Kinn-
   presse) Willenskraft   3 x

3. HA-Atmung liegend, plötzlich. Reinheit   3 x

4. HA-Atmung stehend, plötzlich. Reinheit   3 x

5. Yastikasana (Stockstellung) Form und
   Schönheit   3 x

6. Natapadasana (Form und Schönheit)   3 x

7. Parschwa-padacalanasana (Form und
   Schönheit)   3 x

8. Ardha-matsyendrasana (Nervenkraft)   2 x

9. Trikonasana Variation (Nervenkraft)   3 x

10. Uddijana-bandha stehend (Selbstbeherrschung)   3 x

11. Fuß-Übungen   3 M

12. Halasana   3 x

13. Meditation (Einheit)   5 M

14. Sawasana (Ruhe)   5 M

OM

1. Vollständige Yogi-Atmung mit Paranakörper-Entwicklung   7 x

2. Murcha (Atempause 7—30 Sek. mit Kinnpresse) Willenskraft   3 x

3. Pranajama Nr. 4 (Kraft)   3 x

4. Agnisara Dhauti (Beschleunigte Bauch-Atmung) Reinheit   3 x 15 x

5. Sonnenkraft-Entwicklung   3 M

6. Yoga-mudra Variation (Nach rechts und links) Gesundheit   3 x

7. Lauliki-yoga (Bauch-Massage)   3 x

8. Ardha-matsyendrasana (Nervenkraft)   3 x

9. Kaakaasana (Rabenstellung) Sicherheit   3 x

10. Mayurasana (Stabilität)   3 x

11. Uddijana-bandha stehend (Selbstbeherrschung)   3 x

12. Sirschasana oder Sarwangasana   3 x

13. Meditation (Einheit)   5 M

14. Sawasana (Ruhe)   5 M

OM

1. Vollständige Yogi-Atmung mit Pranakörper-Entwicklung   7 x

2. Murcha (Atempause 7—30 Sek. mit Kinn-
   presse) Willenskraft   3 x

3. I.A.O.OM   3 x

4. Ardha-HA-Atmung liegend (Reinheit)   3 x

5. Pawanamuktasana (Gesundheit) Knie stark
   umarmen   3 x

6. Wakrasana (Nervenkraft)   3 x

7. Ardha-matsyendrasana (Nervenkraft)   3 x

8. Trikonasana Variation (Nervenkraft)   3 x

9. Ardha-chandrasana I (Elastizität)   2 x

10. Ardha-chandrasana II (Elastizität)   2 x

11. Trataka (Punkt-fixation)   3 M

12. Ardha-sarwangasana (Ruhe)   3 x

13. Meditation (Einheit)   5 M

14. Sawasana (Ruhe)   5 M

OM

1. Vollständige Yogi-Atmung (Ruhe)　　　　　　　7 x

2. Murcha (Atempause 7—30 Sek. mit Kinn-
   presse) Willenskraft　　　　　　　　　　　　3 x

3. Bastrika (Blasebalg-Atmung abwechselnd)
   Reinheit　　　　　　　　　　　　　　　　3 x

4. Sitali (Durch rohrförmige Zunge einatmen)
   Blutreinigung　　　　　　　　　　　　　14 x

5. Tadaghi-mudra (Bauch stark einziehen)
   Widerstandskraft　　　　　　　　　　　　3 x

6. Stambhasana (Kraft)　　　　　　　　　　　3 x

7. Oordhwa-pastchimotanasana (Kraft)　　　　　3 x

8. Nataschira-wadschrasana (Kraft)　　　　　　3 x

9. Ekapadahastasana I (Form und Schönheit)　　2 x

10. Ekapadahastasana II (Form und Schönheit)　　2 x

11. Salabhasana (Nieren) Reinheit　　　　　　　3 x

12. Sirschasana oder Sarwangasana　　　　　　　3 x

13. Meditation (Einheit)　　　　　　　　　　　5 M

14. Sawasana (Ruhe)　　　　　　　　　　　　5 M

OM

1. Vollständige Yogi-Atmung (Ruhe)   7 x

2. Murcha (Atempause 7—30 Sek. mit Kinn-
   presse) Willenskraft   3 x

3. Bastrika (Beschleunigte Voll-Atmung)
   Reinheit   3 x 7 x

4. Sonnenkraft-Entwicklung   3 M

5. Pastchimotanasana (Gesundheit)   3 x

6. Pawanamuktasana liegend (Knie stark
   umarmen) Gesundheit   3 x 7 x

7. Dolasana (Elastizität)   3 x

8. Kaakaasana (Rabenstellung) Gleichgewicht   3 x

9. Padangustasana Gleichgewicht   3 x

10. Chakrasana (Elastizität)   3 x

11. Hastapadangustasana (Kraft)   3 x

12. Sirschasana oder Sarwangasana   3 x

13. Meditation (Einheit)   5 M

14. Sawasana (Ruhe)   5 M

OM

1. Vollständige Yogi-Atmung (Ruhe)   7 x

2. Murcha (Atempause 7—30 Sek. mit Kinn-
    presse) Willenskraft   3 x

3. Pranayama Nr. I (Selbstbeherrschung)   3 x

4. Pranayama Nr. II (Widerstandskraft)   3 x

5. Ardha-matsyendrasana I (Selbstvertrauen)   2 x.

6. Ardha-matsyendrasana II (Nervenkraft)   3 x

7. Ekapadahatasana I (Form und Schönheit)   2 x

8. Ekapadahastasana II (Form und Schönheit)   2 x

9. Nataradschasana (Gleichgewicht)   3 x

10. Simhasana (Zungenübung)   3 M

11. Augenstärkende Übungen (Brumadya
    Drischti: Zwischen Augenbrauen schauen.
    Nasagra Drischti: Nasenspitzen-Schau)   je 2 x

12. Ardha-halasana (Füße über rechte Schulter,
    dann über linke)   3 x

13. Meditation (Einheit)   5 M

14. Sawasana (Ruhe)   5 M

OM

1. Vollständige Yogi-Atmung (Ruhe)   7 x

2. Murcha (Atempause 7—30 Sek. mit Kinn-
   presse) Willenskraft   3 x

3. HA-Atmung sitzend. Tief einatmen, anhalten, 7 Sek., stark und plötzlich durch den
   Mund ausatmen (Reinheit)   3 x

4. Agnisara Dhauti (Beschleunigte Bauch-
   Atmung liegend)   2 x 14 x

5. Kaakaasana (Rabenstellung) Kraft   3 x

6. Salabhasana (Nieren) Reinheit   3 x

7. Dhanurasana (Nieren) Reinheit   3 x

8. Stambhasana (Kraft)   3 x

9. Mayurasana (Kraft)   3 x

10. Ardha-matsyendrasana (Nervenkraft)   2 x

11. Uddijana-bandha stehend (Selbstbeherrschung)   3 x

12. Sirschasana oder Sarwangasana   3 x

13. Meditation (Einheit)   5 M

14. Sawasana (Ruhe)   5 M

OM

1. Vollständige Yogi-Atmung (Ruhe)   7 x

2. Murcha (Atempause 7—30 Sek. mit Kinn-
   presse) Willenskraft   3 x

3. Sukh-purwak (Wechsel-Atmung) Harmonie
   und Gleichgewicht   3 x

4. I.A.O.OM   3 x

5. Pastchimotanasana (Gesundheit)   3 x

6. Parwatasana (Bergstellung) Form und Schönheit   3 x

7. Ardha-matsyendrasana (Nervenkraft)   2 x

8. Trikonasana (Nervenkraft)   3 x

9. Uddija-bandha Variation (Form- und Schönheit)   3 x

10. Uddijana-bandha in Hockstellung (Selbst-
    beherrschung)   3 x

11. Fuß-Übungen   3 M

12. Halasana   3 x

13. Meditation (Einheit)   5 M

14. Sawasana (Ruhe)   5 M

OM

1. Vollständige Yogi-Atmung mit Pranakörper-Entwicklung .... 7 x

2. Murcha (Atempause 7—30 Sek. mit Kinn-presse) Willenskraft .... 3 x

3. Sukh-purwak (Wechsel-Atmung) Harmonie .... 3 x

4. I.A.O.OM .... 3 x

5. Ustrasana (Elastizität) .... 3 x

6. Yoga-mudra mit Faust am Bauch .... 3 x

7. Lauliki-yoga (Bauch-Massage) .... 3 x

8. Uddijana-bandha in Hockstellung (Selbstbeherrschung) .... 3 x

9. Uddijana-bandha stehend (Selbstbeherrschung) .... 3 x

10. Trikonasana Variation (Nervenkraft) .... 3 x

11. Supta-wadschrasana (Elastizität) .... 3 x

12. Halasana .... 3 x

13. Meditation (Einheit) .... 5 M

14. Sawasana (Ruhe) .... 5 M

OM

1. Vollständige Yogi-Atmung (Ruhe)   7 x

2. Murcha (Atempause 7—30 Sek. mit Kinn-presse) Willenskraft   3 x

3. Pranayama Nr. 6   3 x

4. Pranayama Nr. 7   3 x

5. Wibhakta- dschanusirasana (Gesundheit)   3 x

6. Dschanusirasana horizontal (Kraft)   2 x

7. Dschanusirasana vertikal (Kraft)   2 x

8. Wakrasana (Nervenkraft)   2 x

9. Ardha-chandrasana I (Elastizität)   2 x

10. Ardha-chandrasana II (Elastizität)   2 x

11. Uddijana-bandha stehend (Selbstbeherrschung)   3 x

12. Halasana   3 x

13. Meditation (Einheit)   5 M

14. Sawasana (Ruhe)   5 M

OM

1. Vollständige Yogi-Atmung (Pranakörper-
   Entwicklung)   7 x

2. Murcha (Atempause 7—30 Sek. mit Kinn-
   presse) Willenskraft   3 x

3. Pranayama Nr. 6   3 x

4. Pranayama Nr. 7   3 x

5. Lauliki-yoga (Gesundheit)   3 x

6. Yoga-mudra mit Faust am Bauch (Gesundheit)   3 x

7. Ekapadahastasana I (Form und Schönheit)   2 x

8. Ekapadahastasana II (Form und Schönheit)   2 x

9. Nataradschasana (Gleichgewicht)   3 x

10. Wrksasana (Gleichgewicht)   3 x

11. Wiparita-karani   3 x

12. Meditation und Sawasana   je 5 x

OM

1. Vollständige Yogi-Atmung (Ruhe)   7 x

2. Murcha (Atempause 7—30 Sek. mit Kinn-
presse) Willenskraft   3 x

3. HA-Atmung liegend, plötzlich (Reinheit)   3 x

4. I.A.O.OM   3 x

5. Wakrasana (Nervenkraft)   2 x

6. Ardha-matsyendrasana (Nervenkraft)   2 x

7. Trikonasana (Nervenkraft)   3 x

8. Padahastasana (Kraft)   3 x

9. Pawanamuktasana (Knie stark umarmen,
liegend) Gesundheit   3 x 9 x

10. Bhegasana (Elastizität)   3 x

11. Wibhakta-dschanusirasana (Widerstandskraft) 3 x

12. Wiparita-karani (Ruhe)   3 x

13. Meditation (Einheit)   5 M

14. Sawasana (Ruhe)   5 M

OM

1. Vollständige Yogi-Atmung (Ruhe) 7 x

2. Tief einatmen, stark ausatmen, Luft aus-
   pressen, Brustkorb und Bauchmuskeln spannen, 7 Sek. ohne Atmung bleiben, dann tief
   einatmen und ruhig ausatmen. (Widerstandskraft) 3 x

3. Agnisara Dhauti (Beschleunigte Bauch-
   Atmung liegend) 2 x 9 x

4. Sonnenkraft-Entwicklung 3 M

5. Padangustasana (Gleichgewicht) 3 x

6. Nataschira-wadschrasana (Kraft) 3 x

7. Matsyasana (Ruhe) 3 x

8. Supta-wadschrasana (Elastizität) 3 x

9. Trikonasana Variation (Nervenkraft) 3 x

10. Bhegasana (Elastizität) 3 x

11. Natapadasana (Kraft) 3 x

12. Wiparita-karani (Ruhe) 3 x

13. Meditation (Einheit) 5 M

14. Sawasana (Ruhe) 5 M

OM

1. Vollständige Yogi-Atmung mit Pranakörper-Entwicklung   7 x

2. Murcha (Atempause 7—30 Sek. mit Kinn-
   presse) Willenskraft   3 x

3. I.A.O.OM   3 x

4. Mantrams:
   Meine Widerstandskraft entwickelt sich von
   Moment zu Moment.
   Meine Willenskraft entwickelt sich von
   Moment zu Moment.
   Jedes Organ arbeitet besser und besser von
   Moment zu Moment.
   Die Ursache aller Störungen im Körper
   verschwindet.
   Ich offenbare das Leben im Körper und in der
   Seele.
   Ruhe und Frieden.
   OM   je 3 x

5. Padahastasana (Gesundheit)   3 x

6. Hastapadangustasana (Kraft)   3 x

7. Nataradschasana (Gleichgewicht)   3 x

8. Matsyasana   3 x

9. Salabhasana   3 x

10. Dhanurasana   3 x

11. Fuß-Übungen   3 x

12. Sirschasana. Meditation. Sawasana   je 5 M

1. Vollständige Yogi-Atmung (Ruhe)   7 x

2. Murcha (Atempause 7—30 Sek. mit Kinn-
    presse) Willenskraft   3 x

3. HA-Atmung liegend, plötzlich (Reinheit)   3 x

4. HA-Atmung stehend, plötzlich (Reinheit)   3 x

5. Pastchimotanasana (Gesundheit)   3 x

6. Yastikasana (Stockstellung) Form und
    Schönheit   3 x

7. Urdwa-paschimottanasana (Widerstands-
    kraft)   3 x

8. Matsyasana (Regeneration der Schilddrüse)   3 x

9. Supta-wadschrasana (Sonnenkraft-Entwicklung)   3 x

10. Bhegasana (Elastizität)   3 x

11. Ekapadahastasana I (Form und Schönheit)   3 x

12. Ekapadahastasana II (Form und Schönheit)   3 x

13. Sirschasana   3 x

14. Meditation (Einheit)   5 M

15. Sawasana (Aktive Ruhe)   5 M

OM

1. Vollständige Yogi-Atmung (Ruhe)   7 x

2. Murcha 7—30 Sek. mit Kinnpresse
   (Willenskraft)   3 x

3. Tief einatmen, vollständige Ausatmung,
   Brustkorb und Bauchmuskeln spannen, ohne
   Atmung 7 Sek. bleiben. Tief einatmen.   3 x

4. Agnisara-dhauti (Beschleunigte Bauch-
   Atmung) Reinheit   15—30 x 3 x

5. Kaakaasana (Rabenstellung) Gleichgewicht   3 x

6. Dhrityasana (Entschlossenheit)   3 x

7. Dhanurasana (Elastizität)   3 x

8. Salabhasana (Nieren) Reinheit   3 x

9. Yoga-mudra mit Atem-Anhalten
   (Entschlossenheit)   3 x

10. Padahastasana (Gesundheit)   3 x

11. Sarwangasana Variation   3 x

12. Halasana mit gespreizten Beinen   3 x

13. Meditation (Einheit)   5 M

14. Sawasana (aktive Ruhe)   5 M

OM

1. Vollständige Yogi-Atmung (Ruhe)   7 x

2. Murcha (Atempause 7—30 Sek. mit Kinn-
   presse) Willenskraft   3 x

3. Brustkorb klopfende Übung. Langsam einatmen, Brustkorb mit Fingerspitzen schnell
   klopfen. Atem anhalten, Brustkorb mit Handflächen klopfen. (Lungenreinigung)   3 x

4. Sukh-purwak (Wechsel-Atmung) Harmonie
   und Gleichgewicht   3 x

5. Ardha-chandrasana I (Elastizität)   3 x

6. Ardha-chandrasana II (Elastizität)   3 x

7. Gomukhasana (Kraft)   3 x

8. Urdwa-paschimottanasana (Widerstandskraft) 3 x

9. Chakrasana (Form und Schönheit)   3 x

10. Trikonasana (Nervenkraft)   3 x

11. Uddijana-bandha stehend (Selbstbeherrschung) 3 x

12. Ardha-sarwangasana (Ruhe)   3 x

13. Ardha-halasana   3 x

14. Meditation (Einheit)   5 M

15. Sawasana (Aktive Ruhe)   5 M

OM

1. Vollständige Yogi-Atmung (Ruhe)   7 x

2. Murcha (Atempause 7—21 Sek. mit Kinn-
   presse) Willenskraft   3 x

3. Uddschai »S« Atmung (Reinheit)   3 x

4. Sukh-purwak (Wechsel-Atmung)   3 x

5. Ardha-bhudschangasana (Elastizität)   3 x

6. Ardha-bhudschangasana II (Elastizität)   3 x

7. Wakrasana Variation
   (Nach rechts und links drehen)   3 x

8. Sarpasana (Kraft)   3 x

9. Hastapadangustasana (Stabilität)   3 x

10. Wrkschasana (Gleichgewicht)   3 x

11. Uddija-bandha sitzend (Form und Schönheit)   3 x

12. Uddijana-bandha stehend (Form und
    Schönheit)   3 x

13. Wiparita-karani mit augenstärkenden
    Übungen   3 x

14. Meditation (Einheit)   5 M

15. Sawasana (Ruhe)   5 M

1. Vollständige Yogi-Atmung (Ruhe) 7 x

2. Murcha (Atempause 7—14 Sek. mit Kinn-
   presse) Willenskraft 3 x

3. Reinigende Atmung 3 x

4. Pranayama Nr. 4 (Kraft) 3 x

5. Ardha-matsyendrasana I (Selbstvertrauen) 2 x

6. Ardha-matsyendrasana II (Nervenkraft) 3 x

7. Pastchimotanasana (Gesundheit) 3 x

8. Padahastasana (Widerstandskraft) 3 x

9. Uddijana-bandha stehend (Form und
   Schönheit) 3 x

10. Augen-Übungen:
    Brumadscha-drischti = Zwischen Augen-
    brauen fixieren
    Nasagra-drischti = Nasenspitze fixieren 3 x

11. Simhasana: Ausatmen, Zunge ausstrecken,
    einatmen, Zunge nach oben rollen und stark
    gegen Gaumen pressen 2 x 7 x

12. Wiparita-karani (Ruhe) 3 x

13. Meditation (Einheit) 5 M

14. Sawasana (Ruhe) 5 M

OM

1. Vollständige Yogi-Atmung (Ruhe)   7 x

2. Murcha (Atempause 7—30 Sek. mit Kinn-
   presse) Willenskraft   3 x

3. Agnisara Dhauti (Beschleunigte Bauch-
   Atmung liegend) Reinheit   2 x 7 x

4. Sitali (Durch rohrförmige Zunge einatmen)
   Blutreinigung   14 x

5. Pawanamuktasana liegend (Knie stark
   umarmen) Gesundheit   2 x 7 x

6. Ardha-matsyendrasana (Nervenkraft)   2 x

7. Ustrasana (Form und Schönheit)   3 x

8. Oordhwa-pastchimotanasana
   (Widerstandskraft)   3 x

9. Nataschira Wadschrasana (Kraft)   3 x

10. Yastikasana (Stockstellung) Form und
    Schönheit   3 x

11. Trikonasana (Nervenkraft)   3 x

12. Ardha-sarwangasana (Ruhe)   3 x

13. Meditation (Einheit)   5 M

14. Sawasana (Ruhe)   5 M

         OM

1. Vollständige Yogi-Atmung (Ruhe)   7 x

2. Tief einatmen, stark ausatmen, Luft auspres-
   sen, Brustkorb und Bauch-Muskeln spannen,
   7—10 Sek. ohne Atmung bleiben, dann tief
   einatmen und ruhig ausatmen. (Widerstandskraft)   3 x

3. Bastrika (Blasebalg-Atmung) Reinheit   2 x 9 x

4. Sonnenkraft-Entwicklung   3 M

5. Tadaghi-mudra (Bauch stark einziehen)
   Gesundheit   3 x

6. Yoga-mudra mit Faust am Bauch
   (Gesundheit)   3 x

7. Bhudschangendrasana (Elastizität)   3 x

8. Trikonasana (Nervenkraft)   3 x

9. Lauliki Yoga (Gesundheit)   3 x

10. Padahastasana (Gesundheit)   3 x

11. Fuß-Übungen   3 M

12. Wiparita-karani   3 x

13. Meditation (Einheit)   5 M

14. Sawasana (Ruhe)   5 M

OM

1. Vollständige Yogi-Atmung (Ruhe)   7 x

2. Murcha (Atempause 7—30 Sek. mit Kinn-
   presse) Willenskraft   3 x

3. I.A.O.OM   3 x

4. Pranayama Nr. 4 (Kraft)   3 x

5. Padahastasana (Gesundheit)   3 x

6. Uddijana-bandha in Hockstellung
   (Bauch stark einziehen)   3 x

7. Uddijana-bandha stehend
   (Selbstbeherrschung)   3 x

8. Uddijana-bandha liegend (Nach Ausatmen
   Bauch stark einziehen)   3 x

9. Wakrasana (Nervenkraft)   3 x

10. Chakrasana (Elastizität)   3 x

11. Fuß-Übungen   3 M

12. Halasana   3 x

13. Meditation (Einheit)   5 M

14. Sawasana (Ruhe)   5 M

OM

1. Vollständige Yogi-Atmung (Ruhe)   7 x

2. Murcha (Atempause 7—30 Sek. mit Kinn-
   presse) Willenskraft   3 x

3. HA-Atmung liegend, plötzlich (Reinheit)   3 x

4. HA-Atmung stehend, plötzlich (Reinheit)   3 x

5. Wadschroli-mudra (Widerstandskraft)   3 x

6. Yoga-mudra mit Faust am Bauch
   (Gesundheit)   3 x

7. Dhanurasana (Nieren) Reinheit   3 x

8. Bhudschangendrasana (Rückgrat) Kraft   3 x

9. Wibhakta-dschanusirasana (Widerstandskraft)   3 x

10. Trikonasana (Nervenkraft)   3 x

11. Trataka (Punktfixation)   3 M

12. Sirschasana oder Wiparita-karani   3 x

13. Meditation (Einheit)   5 M

14. Sawasana (Ruhe)   5 M

OM

1. Vollständige Yogi-Atmung (Ruhe)   7 x

2. Murcha (Atempause 7—30 Sek. mit Kinn-
   presse) Willenskraft   3 x

3. Pranayama Nr. II (Kraft)   3 x

4. Pranayama Nr. IV (Kraft)   3 x

5. Konasana (Form und Schönheit)   3 x

6. Rabenstellung (Widerstandskraft)   3 x

7. Mayurasana (Widerstandskraft)   3 x

8. Uddijana-bandha stehend
   (Selbstbeherrschung)   3 x

9. Nataradschasana (Gleichgewicht)   3 x

10. Padangustasana (Gleichgewicht)   3 x

11. Pastchimotanasana (Gesundheit)   3 x

12. Wiparita-karani mit Händen auf den Knien   3 x

13. Meditation (Einheit)   5 M

14. Sawasana (Ruhe)   5 M

OM

1. Vollständige Yogi-Atmung (Ruhe)   7 x

2. Murcha (Atempause 7—30 Sek. mit Kinn-
   presse) Willenskraft   3 x

3. HA-Atmung liegend, plötzlich (Reinheit)   3 x

4. HA-Atmung stehend, plötzlich (Reinheit)   3 x

5. Tadaghi-mudra (Bauch stark einziehen)
   Widerstandskraft   3 x

6. Natapadasana (Form und Schönheit)   3 x

7. Parschwa Pada-calanasana (Form und
   Schönheit)   3 x

8. Matsyasana (Ruhe)   3 x

9. Wakrasana (Nervenkraft)   3 x

10. Yoga-mudra (Gesundheit)   3 x

11. Ardha-chandrasana (Form und Schönheit)   3 x

12. Ardha-sarwangasana (Ruhe)   3 x

13. Meditation (Einheit)   5 M

14. Sawasana (Ruhe)   5 M

OM

1. Vollständige Yogi-Atmung (Ruhe)   7 x

2. Murcha (Atempause 7—30 Sek. mit Kinn-
   presse) Willenskraft   3 x

3. Pranayama Nr. 1 (Widerstandskraft)   3 x

4. Pranayama Nr. 2 (Widerstandskraft)   3 x

5. Wadschroli-mudra (Widerstandskraft)   3 x

6. Hasta-padasana (Regeneration des Nerven-
   systems   3 x

7. Dschanusirasana vertikal (Sicherheit)   3 x

8. Dschanusirasana horizontal (Sicherheit)   3 x

9. Matsyasana (Regeneration der Schilddrüse)   3 x

10. Supta-wadschrasana (Aufladung des
    Sonnengeflechtes)   3 x

11. Ardha-matsyendrasana II (Nervenkraft)   3 x

12. Sirschasana (Kopfstand)   3 x

13. Meditation (Einheit)   5 M

14. Sawasana (Ruhe)   5 M

OM

1. Vollständige Yogi-Atmung (Pranakörper-Entwicklung)   7 x

2. Murcha (Atempause 7—30 Sek. mit Kinnpresse) Willenskraft   3 x

3. Pranayama Nr. 1   3 x

4. Pranayama Nr. 2   3 x

5. Pastchimotanasana (Gesundheit)   3 x

6. Pawanamuktasana sitzend (Knie stark umarmen)   3 x 7 x

7. Oordhwa-pastchimotanasana (Widerstandskraft)   3 x

8. Bhegasana (Elastizität)   3 x

9. Padangustasana (Gleichgewicht)   3 x

10. Ustrasana (Elastizität)   3 x

11. Fuß-Übungen   3 M

12. Wiparita-karani mit Zungenübung   3 x

13. Meditation (Einheit)   5 M

14. Sawasana (Ruhe)   5 M

OM

1. Vollständige Yogi-Atmung (Pranakörper-
   Entwicklung)   7 x

2. Murcha (Atempause 7—30 Sek. mit Kinn-
   presse) Willenskraft   3 x

3. Agnisara Dhauti (Beschleunigte Bauch-
   Atmung) Reinheit   3 x 15 x

4. Sitkari (Zwischen Zungenspitze und Gaumen
   einatmen) Reinheit   2 x 14 x

5. Pawanamuktasana (Knie stark umarmen)
   Gesundheit   2 x 10 x

6. Stambhasana (Kraft)   3 x

7. Oordhwa-pastchimotanasana (Kraft)   3 x

8. Nataschira-wadschrasana (Kraft)   3 x

9. Dhanurasana (Nieren) Reinheit   3 x

10. Mayurasana (Widerstandskraft)   3 x

11. Wrkschasana (Baumstellung)   3 x

12. Sarwangasana (Ruhe)   3 x

13. Meditation (Einheit)   5 M

14. Sawasana (Ruhe)   5 M

OM

1. Vollständige Yogi-Atmung (Ruhe)   7 x

2. Murcha (Atempause 7—21 Sek. mit Kinn-
   presse) Willenskraft   3 x

3. Sukh-purwak 4—16—8 Sek. (Harmonie
   und Gleichgewicht)   3 x

4. Agnisara-dhauti (Beschleunigte Bauch-
   Atmung) Reinheit   2 x 14 x

5. Uddijana-bandha in Hockstellung
   (Selbstbeherrschung)   3 x

6. Parschwa Pada-calanasana (Kraft)   3 x

7. Katikasana (Form und Schönheit)   3 x

8. Uttha-dschanuschirasana (Widerstandskraft)   3 x

9. Nataschira-wadschrasana (Kraft)   3 x

10. Urdwa-pastchimottasana (Sicherheit)   3 x

11. Bhudschangendrasana (Nervenkraft)   3 x

12. Wiparita-karani mit augenstärkenden
    Übungen   3 x

13. Meditation (Einheit)   5 M

14. Sawasana (Ruhe)   5 M

OM

1. Vollständige Yogi-Atmung (Ruhe)   7 x

2. Murcha (Atempause 7—30 Sek. mit Kinn-
   presse) Willenskraft   3 x

3. Reinigende Atmung   3 x

4. Nervenstärkende Atmung   3 x

5. Lauliki Yoga (Bauch-Reinigung)   3 x

6. Yoga-mudra mit Faust am Bauch (Gesundheit)   3 x

7. Bhudschangendrasana (Rückgrat) Nervenkraft   3 x

8. Ardha-salabhasana (Nieren) Reinheit   3 x

9. Salabhasana (Nieren)   3 x

10. Padahastasana (Gesundheit)   3 x

11. Mantrams:
    Meine Widerstandskraft entwickelt sich von
    Moment zu Moment.
    Jedes Organ arbeitet besser und besser von
    Moment zu Moment.
    Die Ursache jeder Störung im Körper ver-
    schwindet.
    Ich offenbare das Leben im Körper und in der
    Seele.
    Ruhe und Frieden.
    OM OM OM   je 3 x

12. Sarwangasana (Ruhe)   3 x

13. Meditation (Einheit)   5 M

14. Sawasana (Ruhe)   5 M

OM

1. Vollständige Yogi-Atmung mit Pranakörper-Entwicklung   7 x

2. Murcha (Atempause 30 Sek. mit Kinn-presse) Willenskraft   3 x

3. Brustkorbklopfende Übung   3 x

4. Bastrika (Beschleunigte Voll-Atmung) Reinheit   2 x 7 x

5. Wadschroli-mudra (Widerstandskraft)   3 x

6. Stambhasana (Kraft)   3 x

7. Oordhwa- pastchimotanasana (Widerstandskraft)   3 x

8. Katikasana (Elastizität)   3 x

9. Bhudschangasana (Nieren) Reinheit   3 x

10. Dhanurasana (Nieren) Reinheit   3 x

11. I.A.O.OM   3 x

12. Halasana   3 x

13. Meditation   5 M

14. Sawasana   5 M

OM

1. Vollständige Yogi-Atmung (Ruhe)   7 x

2. Murcha (Atempause 7—21 Sek. mit Kinn-
   presse) Willenskraft   3 x

3. Sukh-purwak 4—16—8 Sek. (Harmonie und
   Gleichgewicht)   3 x

4. Agnisara-dhauti (Beschleunigte Bauch-
   Atmung) Reinheit   2 x 14 x

5. Uddijana-bandha in Hockstellung
   (Selbstbeherrschung)   3 x

6. Parschwa Pada-calanasana (Kraft)   3 x

7. Katikasana (Form und Schönheit)   3 x

8. Uttha-dschanuschirasana (Widerstandskraft)   3 x

9. Nataschira-wadschrasana (Kraft)   3 x

10. Urdwa-pastchimottasana (Sicherheit)   3 x

11. Bhudschangendrasana (Nervenkraft)   3 x

12. Wiparita-karani mit augenstärkenden
    Übungen   3 x

13. Meditation (Einheit)   5 M

14. Sawasana (Ruhe)   5 M

OM

1. Vollständige Yogi-Atmung mit Pranakörper-
   Entwicklung   7 x

2. Murcha (Atempause 7—30 Sek. mit Kinn-
   presse) Willenskraft   3 x

3. Agnisara Dhauti (Beschleunigte Bauch-
   Atmung liegend) Reinheit   3 x 15 x

4. Sitali (Durch rohrförmige Zunge einatmen)
   Blutreinigung   2 x 15 x

5. Lauliki-yoga (Bauch-Massage)   3 x

6. Pawanamuktasana (Knie stark umarmen)
   Gesundheit   3 x 7 x

7. Uddijana-bandha in Hockstellung
   (Bauch stark einziehen)   3 x

8. Trikonasana (Nervenkraft)   3 x

9. Ardha-matsyendrasana II (Nervenkraft)   3 x

10. Ardha-bhudschangasana (Elastizität)   3 x

11. Ardha-salabhasana (Nieren) Reinheit   3 x

12. Ardha-sarwangasana (Schilddrüse) Ruhe   3 x

13. Meditation (Einheit)   5 M

14. Sawasana (Ruhe)   5 M

OM

1. Vollständige Yogi-Atmung (Ruhe)   7 x

2. Murcha (Atempause 7—30 Sek. mit Kinn-
   presse) Willenskraft   3 x

3. Reinigende Atmung   3 x

4. Nervenstärkende Atmung   3 x

5. Stambhasana (Widerstandskraft)   3 x

6. Oordwa-pastchimotanasana (Kraft)   3 x

7. Yastikasana (Stockstellung) Form und
   Schönheit   3 x

8. Parwatasana (Bergstellung) Form und
   Schönheit   3 x

9. Bhudschangendrasana (Nieren) Reinheit   3 x

10. Dhanurasana (Nieren) Reinheit   3 x

11. Fuß-Übungen   3 M

12. Sirschasana oder Wiparįta-karani   3 x

13. Meditation (Einheit)   5 M

14. Sawasana (Ruhe)   5 M

OM

1. Vollständige Yogi-Atmung (Ruhe)   7 x

2. Murcha (Atempause 7–30 Sek. mit Kinn-
   presse) Willenskraft   3 x

3. Uddschai »S« Atmung   3 x

4. I.A.O.OM   3 x

5. Pawanamuktasana (Knie stark umarmen)
   Gesundheit   3 x 7 x

6. Yastikasana (Stockstellung) Form und
   Schönheit   3 x

7. Padangushtasana (Gleichgewicht)   3 x

8. Gokarnasana (Form und Schönheit)   3 x

9. Nataradschasana (Gleichgewicht)   3 x

10. Kaakaasana (Rabenstellung) Gleichgewicht   3 x

11. Pastchimotanasana (Gesundheit)   3 x

12. Wiparita-karani (Verjüngung)   3 x

13. Wiparita-karani II (Knie mit den Händen
    unterstützen)   3 x

14. Meditation (Einheit)   5 M

15. Sawasana (Aktive Ruhe)   5 M

OM

1. Vollständige Yogi-Atmung (Ruhe)   7 x

2. Murcha (Atempause 7—30 Sek. mit Kinn-
   presse) Willenskraft   3 x

3. Pranayama Nr. 3 (Widerstandskraft)   3 x

4. Pranayama Nr. 4 (Kraft)   3 x

5. Yoga-mudra mit Faust am Bauch
   (Gesundheit)   3 x

6. Bhudschangendrasana (Nervenkraft)   3 x

7. Ardha-salabhasana (Nieren)   3 x

8. Padahastasana (Gesundheit)   3 x

9. Uddijana-bandha stehend (Selbstbeherr-
   schung)   3 x

10. Uddijana-bandha in Hockstellung
    (Selbstbeherrschung)   3 x

11. Ardha-matsyendrasana II (Nervenkraft)   3 x

12. Sirschasana (Kopfstand)   3 x

13. Meditation (Einheit)   5 M

14. Sawasana (Ruhe)   5 M

OM

Neue Pranayama-Atemübungen und Hatha-Yoga-Übungen und ihre Heilwirkung

PRANAYAMA-ATEMÜBUNGEN

1. *Agnisara Dhauti*

Auf den Fersen sitzend oder auf dem Rücken liegend, mit den Händen auf dem Bauch, ganz ausatmen, den Bauch stark einziehen. Kurz und plötzlich einatmen und die Bauchwand gleichzeitig ausstoßen. Ebenso plötzlich wieder ausatmen, den Bauch stark einziehen. 20- bis 30mal schnell hintereinander, wie ein Blasebalg. Nie voll, sondern nur kurz einatmen.   3 x

Wirkung: Reinigt das Blut gründlich und ebenfalls die einzelnen Bauchhöhlen-Organe. Vernichtet Verstopfung und ihre seelische Ursache. Gegen unreine Haut eine vorzügliche Übung, ebenso gegen träge Leberfunktion. Heilt Zuckerkrankheit.

2. *Ardha-HA-Atmung*

Lege dich flach auf den Rücken. Tief einatmen mit voller Yogi-Atmung und Arme über den Kopf strecken. Durch den Mund plötzlich ausatmend das rechte Knie mit beiden Händen umarmen. Nach 10 Sekunden rechtes Bein auf den Boden ausstrecken, einatmen, Arme über den Kopf strecken. Durch den Mund plötzlich ausatmend das linke Knie plötzlich umarmen. Einatmend beide Arme heben, und langsam durch die Nase ausatmend die Arme neben den Körper bringen.   3 x

Wirkung: Reinigung der Bauchhöhlenorgane, abwechselnd rechte und linke Seite. Ausgezeichnet gegen Kreislaufstörungen.

3. *Atemübung gegen Atemnot*

Atme tief ein mit voller Yogi-Atmung. Atme ganz aus, so viel Luft als möglich aus den Lungen pressen, Brustkorb und Bauchmuskel spannend. Nach 10 bis 15 Sekunden wieder tief einatmen.

4. *Bastrika*

Diese Übung ist eine vollständige Yogi-Atmung, mit dem Unterschied, daß sie nicht langsam, sondern beschleunigt geübt werden soll.
Setze dich gerade, mit gekreuzten Beinen oder auf die Fersen und atme aus. Plötzlich einatmen, die ganze Lunge füllen in der Reihenfolge Bauch-, mittlere und obere Atmung und ohne den Atem anzuhalten, plötzlich ganz ausatmen, zuerst Einziehen der Bauchwand, dann Zusammenziehen der Rippen und schließlich Senken der Schultern. Wiederhole 7- bis 10mal hintereinander. 2 x

Wirkung: Jedesmal wenn wir einatmen, reinigt sich der Körper mit sauerstoffreichem Blut selber. Die Giftstoffe (Toxine) finden ihren normalen Ausgang aus dem Körper durch:

1. Ausatmung   4. Als Urin
2. Durch die Poren   5. Als Exkrement
3. Als Schweiß

Mit Hilfe dieser Übung geht der Reinigungsprozeß viel rascher vor sich, wodurch der Körper schnell von Toxin entlastet wird.

5. Brustkorb klopfende Übung

Sitze mit gekreuzten Beinen. Während verlangsamter Einatmung den Brustkorb mit den Fingerspitzen schnell klopfen. Atem anhaltend, für ca. 7 Sekunden den Brustkorb mit den Handflächen überall klopfen. Ausatmen. Nach einer Pause wiederholen.   3 x

Wirkung: Gegen Lungenkatarrh, Bronchialkatarrh, sogar gegen seine entartete Form-Bronchialasthma ist diese Übung vorzüglich. Wie bei allen Yogaübungen wird auch hier die Ursache der Krankheit geheilt.

6. HA-Atmung sitzend

Sitze mit gekreuzten Beinen oder auf den Fersen. Atme tief ein. Atem anhalten für 5 Sekunden. Dann durch den offenen Mund stark und plötzlich ausatmen.   3 x

Wirkung: Die Lungen werden bis zum kleinsten Teil durch sauerstoffreiches Blut gründlich gereinigt. Gegen Müdigkeit eine ausgezeichnete Übung.

7. I.A.O.OM

So wie ein Sonnenstrahl durch ein Glasprisma in 7 Farben bricht, so trägt die Silbe »OM« in sich alle anderen Töne. Alle Yogis erfahren in ihrer Erleuchtung dieselbe Wahrheit, daß der Ton die erste Offenbarung Gottes ist, und damit beginnt die Schöpfung. »Am Anfang war Logos und Logos war mit Gott und Logos war Gott«, sagt die Bibel. Alles wird vom schöpferischen Prinzip — Logos — geschaffen und belebt. Der Ton ist die schöpferische Schwingung, die durch das Universum rast und Welten schafft. Wenn wir gewisse

Töne wiederholen, erreichen wir damit eine Heilwirkung auf den Körper und gleichzeitig heben wir unser Bewußtsein auf eine höhere Stufe. Die Vibration des IIIIIII . . . durchdringt das ganze Nervensystem und füllt es mit neuer Lebenskraft.

Die Wiederholung des AAAAAA . . . wirkt besonders auf die Leber und regeneriert dadurch das Blut.

Die Wiederholung von OOOOOO . . . ladet das Herz und das Sonnengeflecht mit neuer Lebenskraft auf.

Die Repetition von OM ladet den Körper mit neuer Lebensenergie auf.

Sitze mit gekreuzten Beinen oder auf den Fersen, mit den Händen auf den Knien und schließe die Augen. Atme tief ein und beim Ausatmen sage den Laut IIIIIII . . . in die Länge gezogen, und immer auf gleicher Tonhöhe. Der Ton darf aber nicht gesungen werden.

Atme tief ein und beim Ausatmen sage den Laut AAAAAA . . . ebenso in die Länge gezogen und auf derselben Tonhöhe.

Als dritter folgt mit der Ausatmung der Laut OOOOOO . . . und als letzter OOOOMMMM . . .

Wirkung: Die Stimme wird kristallklar und schön, entschlossen und sicher. Angstzustände verschwinden und die Offenbarung des menschlichen Geistes wird bewußt.

8. *Murtscha*

Sitze mit gekreuzten Beinen. Tief einatmen. Atem anhaltend (von 7—30 Sekunden) das Kinn auf den Brustkorb pressen. Kopf heben und langsam ausatmen. 3 x

Wirkung: Entwickelt unsere Willens- und Widerstandskraft.

9. »S«-Atmung

Tief einatmen. Beim Ausatmen den Laut »S« gezogen und gedehnt sagen, so fein als möglich. 3 x

Wirkung: Nervenstärkend.

10. Sitali

Die Zunge rohrförmig zwischen die Lippen halten. Durch rohrförmige Zunge langsam einatmen. Atem anhalten (bis 10 Sekunden), dann durch die Nase sehr entspannt und langsam ausatmen. 10mal hintereinander. 3 x

Wirkung: Sofortige Entspannung der Nerven. Gegen Atembeschwerden, Herzbeschwerden und große Nervosität sehr wirksam. Befreit das Blut von allen Giftstoffen, sogar von tödlichen Giften. Die Haut regeneriert sich und wird wunderschön. Im Winter nur im Zimmer üben.

11. Sitkari

Ist ähnlich wie Sitali, mit dem Unterschied, daß die Zungenspitze den Gaumen ganz hinten berührt. Durch den Mund, zwischen Zungenspitze und Gaumen sehr langsam einatmen. Atem anhalten für 10 Sekunden, dann durch die Nase sehr langsam und völlig entspannt ausatmen. Ca. 7mal hintereinander üben. 3 x

Wirkung: Genau wie bei der vorherigen Übung. Die Elimination von Toxin (Giftstoff) im ganzen Körper wird beschleunigt.

12. Sonnenkraft-Entwicklung

Jeder Körper hat eine Ausstrahlung von Lebenskraft, welche den Körper schützt und immun hält. Diese Energie-Ausstrahlung kann mit einem feinen Instrument gemessen werden, wie man es in einem Atomforschungsinstitut braucht. Wenn diese Energiemauer geschwächt wird, ist der Körper offen gegen alle äußeren Einflüsse, und wenn man seine Immunität verliert, erkrankt der Körper. Wenn das Sonnengeflecht genügend Kraft besitzt, ist der Körper widerstandsfähig gegen alle äußeren Einflüsse.

Ausführung: Lege dich flach auf den Rücken. Stelle die Hände auf die Mitte des Brustkorbes, etwas höher als der Nabel und achte darauf, daß die Hände einander nicht berühren. Atme tief ein, fülle die Lungen mit Kraft. Atme sehr langsam aus und lenke während des Ausatmens die Energie von den Lungen durch die Arme und Finger hinein in den Brustkorb, in das Sonnengeflecht, dessen Nervenzentren bei der Wirbelsäule liegt. Wiederhole 15- bis 20mal.

Wirkung: Gegen Müdigkeit, Nervosität, Schlaflosigkeit und Kreislaufstörungen ist diese Übung äußerst wirksam.

HATHA-YOGA-ÜBUNGEN

1. *Ardha Chandrasana I*

Stehe gerade, Füße zusammen, Bauch einziehen und Brustkorb heben. Tief einatmend strecke die Arme nach oben,
Handflächen zusammen. Ausatmend nach rechts sich beugen,
einatmend sich wieder strecken, ausatmend nach links sich
beugen, einatmend sich wieder strecken, ausatmend Arme
von vorne nach unten senken. Nach einer Pause wiederholen.

3 x

Wirkung: Fördert unsere Elastizität und entfernt etwaige Ablagerung im Rückgrat. Ausgezeichnet gegen alle Steifheit.

2. *Ardha Chandrasana II*

Stehe gerade, mit gespreizten Beinen. Einatmend Arme über
den Kopf heben, Handflächen zusammen. Ausatmend weit
nach hinten sich beugen, mit den Knien ein bißchen gebeugt.
Einatmend sich wieder aufrichten. Ausatmend Hände von
vorne herunter. 3 x

Wirkung: Dieselbe Wirkung wie die vorherige Übung, nur
stärker. Der starke Kreislauf im Brustkorb, im Gesicht und
im Gehirn ist ausgezeichnet gegen Müdigkeit.

3. *Ardha Halasana*

Auf dem Rücken liegend, völlig entspannt, tief einatmen.
Beim Ausatmen Beine und Hüften heben und die Füße weit
über die rechte Schulter zum Boden bringen. Einatmend

Beine und Füße über dem Kopf auf den Boden strecken. Ausatmend Füße weit über die linke Schulter auf den Boden strecken. Gleich fortsetzen, einmal nach rechts, einmal nach links, wieder nach rechts und wieder nach links. Wieder herunterkommen und sich flach auf den Rücken legen. Mit tiefer Bauchatmung wird das Herz normal arbeiten.   3 x

Wirkung: Die Schilddrüsen-Tätigkeit wird stark angeregt. Für Menschen mit zu langsamer Verdauung wird die mahlende Bewegung des Bauches den gesamten inneren Organismus anregen, besonders die peristaltische Bewegung der Gedärme. Gegen Verstopfung eine ausgezeichnete Übung.

4. *Ardha Sarvangasana*

Flach auf dem Rücken liegen, den Körper völlig entspannen. Tief einatmen, ausatmend die Beine und Hüften senkrecht heben in Kerzenstellung. Während des Ausatmens die Knie bis zur Stirn zusammenziehen, die Fersen nahe zum Körper bringen. Die Hüften mit den Händen halten, regelmäßige kurze Bauchatmung. Nach ungefähr einer halben Minute Beine senkrecht heben und sich wieder flach auf den Rücken legen.   3 x

Wirkung: Die konzentrierte Blutzufuhr im Gesicht und im Gehirn läßt alle Müdigkeit verschwinden. Gegen von niedrigem Blutdruck entstandene Kopfschmerzen und von mangelhaftem Kreislauf verursachtes Schwindelgefühl im Gehirn ist diese Übung unentbehrlich. Die leeren Gehirnnervenzellen werden mit Lebenskraft gefüllt.

5. Bauch- und Beinmuskelübungen

a) Für die Stärkung des allzu vernachlässigten Bauches, des Beckens, Kreuzes und der Hüften sind folgende Übungen sehr nützlich:

a.

Auf dem Rücken liegend atme tief ein. Ausatmend sich aufsetzen und gestrecktes rechtes Bein senkrecht heben, Fußgelenke mit beiden Händen halten, mit der Stirne das Knie berühren. Einatmend sich wieder auf den Rücken legen, ausatmend sich aufsetzen und das linke Bein senkrecht heben und mit der Stirn das linke Knie berühren. Einatmend sich auf den Rücken legen und ruhen. 3 x

b) Sitze mit gespreizten Beinen, mit den Händen hinter dem Körper auf dem Boden. Einatmen, Becken und Kreuz so hoch als möglich, aber *sehr langsam und vorsichtig* heben. Ausatmend langsam herunterkommen und sich flach auf den Rücken legen. Mit tiefer Bauchatmung ruhen. 3 x

c) Stehe auf allen vieren, mit Knien und Händen auf dem Boden. Ohne den Körper nach vorne oder nach hinten zu bewegen. Beim Einatmen das Kreuz tief senken bis es hohl wird, gleichzeitig Kopf heben. Beim Ausatmen Bauch stark einziehen, Kreuz hochheben, Kopf senken. 4- bis 5mal hintereinander. Auf den Fersen sitzend sich nach vorn beugen und den Kopf auf die übereinandergestellten Fäuste stützen. 3 x

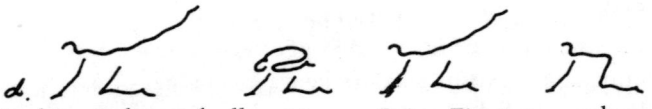

d) Stehe wieder auf allen vieren. Beim Einatmen rechtes Bein nach hinten heben, auch den Kopf heben, beim Ausatmen das rechte Knie bis zur Stirne zusammenziehen. Einatmend wieder rechtes Bein nach hinten hochheben und ausatmend Knie auf den Boden stellen. Dasselbe mit dem linken Bein. Wiederhole das bisher Geübte und kehre in die Ruhestellung nach vorn dich beugend zurück.   3 x

e) Eine ausgezeichnete Übung für alle Gelenke des Körpers. Für die verweichlichten Hüften und für die Entfernung von Fettablagerung am Bauch ist diese Übung sehr nützlich. Stehe auf allen vieren. Tief einatmen, beim Ausatmen mit rechtem Bein zwischen den Händen durch nach vorne rutschen, bis das rechte Bein, stark gespreizt, nach vorne gestreckt ist. Mit der Stirn das rechte Knie berühren, einatmend rechtes Bein zurückziehen zur Anfangsstellung, ausatmend mit dem linken Bein nach vorne rutschen und mit der Stirn das linke Knie berühren. Einatmend linkes Bein zurückziehen zur Anfangsstellung und ausatmend nach vorne sich beugen und ruhen.   3 x

f) Aufrecht stehen, die Beine sehr stark gespreizt. Ausatmend nach vorne sich beugen, bis Handflächen, Ellbogen und Stirn den Boden berühren. In dieser Stellung für 5 bis 10 Sekunden atmend bleiben. Wieder aufrecht stehen und Füße zusammen.   3 x

g) Für die Stärkung der Wirbelsäule und gegen ein schwaches Kreuz und Kreuzschmerzen ist diese Übung vorzüglich.

Stehe aufrecht, mit den Füßen zusammen. Einatmend Arme über den Kopf strecken, ausatmend nach vorne sich strecken, bis der Oberkörper parallel zum Boden steht. Das Gesäß verschiebt sich dabei leicht nach hinten. Einatmend sich wieder aufrichten, ausatmend wieder nach vorne sich beugen, im gesamten 3- bis 5mal hintereinander, dann ruhen. 3 x

6. Bhegasana

Eine ausgesprochene Gelenksübung für die Entwicklung unserer Elastizität. Auf dem Boden liegend, mit gebeugten Knien, fasse die Zehen von beiden Füßen und drücke die Füße öfters unmittelbar neben den Hüften auf den Boden. Nach 6 x Üben Füße loslassen. Beine ausstrecken und Hände unter die Stirn legen zur Ruhestellung. Atme langsam inzwischen. 3 x

7. Bhudschangendrasana

Eine ausgezeichnete Massage für die Ganglionen und Nieren, für den Hals und die Wirbelsäule. Durch einen heftigen Kreislauf im Rückgrat verschwindet die Müdigkeit völlig. Lege dich auf den Bauch, mit den Händen unter den Schultern. Tief einatmend Kopf und Brustkorb so hoch als möglich heben und gleichzeitig mit den Füßen sich dem Hinterkopf nähern, ihn sogar berühren. Kurz nachher ausatmen, herunterkommen und flach auf dem Bauch liegend ruhen. 3 x

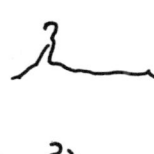

8. Chakrasana

Diese Übung gibt uns eine vollkommene Beherrschung des Rückgrates. Der positive und negative Lebensstrom, die Sonnen- und Mondenergie, genannt HA-THA, werden ins Gleichgewicht gebracht. Verstopfte Nasenlöcher werden befreit.
Lege dich flach auf den Rücken. Knie zusammenziehen und Füße gespreizt auf den Boden stellen. Hände unter die Schultern rückwärts auf den Boden stellen.
Hebe nun, tief einatmend, den ganzen Körper wie eine Brücke. Während man oben bleibt, langsam und tief atmen. Nach ein paar Sekunden herunterkommen, sich flach auf den Rücken legen und völlig entspannen. 3 x

9. Dhrityasana

Becken-, kreuz- und bauchstärkende Übung. Entfernt Müdigkeit im Kreuz.
Setze dich auf den Boden, zwischen die Fersen, mit gespreizten Knien. Fußgelenke oder Fersen mit beiden Händen halten. Tief einatmend Becken, Kreuz und Brustkorb so stark als möglich heben und Kopf nach hinten hängen lassen. Bleibe für eine kurze Zeit in dieser Stellung, tief atmend. Ausatmend Knie und Füße zusammenstellen, auf den Fersen sitzend nach vorne sich beugen, mit den Fäusten übereinander unter der Stirn ruhen. 3 x

10. Dolasana

Für die Belebung des ganzen Körpers mit unserem Bewußtsein und für die Entwicklung

von Form und Schönheit ist diese Übung zu
empfehlen. Lege dich auf den Bauch mit nach
vorne ausgestreckten Armen. Tief einatmend
Arme, Kopf, Brustkorb und Beine so hoch
als möglich heben. Ausatmend langsam herunterkommen mit ausgestreckten Armen. 3 x
hintereinander, dann ruhen. Das Ganze 3 x

11. Dschanusirasana vertikal

Diese Übung bringt die Sonnen- und Mondkraft, die positive und negative Lebenskraft in vollkommenes Gleichgewicht im ganzen Körper, und durch die Steigerung unserer
Widerstandskraft entwickeln wir eine natürliche Immunität
im Körper.
Sitze mit dem rechten Bein gekreuzt und dem linken Bein senkrecht gehoben. Halte das linke Fußgelenk mit beiden Händen und berühre mit dem
linken Knie die Stirn. Sehr entspannt atmen. Dasselbe mit dem rechten Bein üben.   3 x

12. Dschanusirasana horizontal

Sitze mit dem rechten Bein gespreizt und dem linken Bein
gebeugt, so daß die linke Fußsohle den rechten Oberschenkel
von innen berührt. Über das rechte Bein sich beugen und
Fuß oder Fußgelenk mit beiden Händen halten. Gleichzeitig
rechte Schulter nach unten und
linke Schulter nach oben drehen.
Verlangsamt tief atmen. Abwechselnd mit dem linken Bein
üben.   3 x

Ähnliche Wirkung wie die vorherige Übung.

13. Ekapadahastasana I

Hockend mit Handflächen auf dem Boden, Knie strecken. Einatmen und rechtes Bein hochheben, ausatmend das Bein herunterbringen. Einatmend linkes Bein heben, ausatmend herunterbringen. Dieselbe Bewegung noch 2mal wiederholen. Auf den Fersen sitzend nach vorne sich beugen und ruhen.

3 x

14. Ekapadahastasana II

Hockend, mit Handflächen auf dem Boden, Knie strecken. Einatmend rechtes Bein nach rechts seitwärts hochheben, ausatmend rechtes Bein wieder herunter. Dasselbe mit dem linken Bein auf die linke Seite üben. (Achten wir darauf, daß wir das Bein nicht nach hinten, sondern nur seitwärts heben.) Dann wieder mit dem rechten Bein und wieder mit dem linken üben. Auf den Fersen sitzend ruhen.

3 x

Wirkung: Hüften, Bauch, Becken und Beine werden stark in Anspruch genommen.

15. Fußübungen

Für diejenigen, welche diese intensive Hatha-Yogaschulung durchführen, sind die Fußübungen täglich für 2 bis 3 Minuten zu üben, es ist gleich zu welcher Tageszeit.
Gehe rund um dein Zimmer, nur auf den Zehenspitzen, für ungefähr eine Minute. Nachher normal gehen, d. h. abrollen in der Reihenfolge: Ferse, Fußsohle, Zehen.

Nach einer Minute nur auf den Fersen gehen, mit steifen Knien und gehobenen Zehen. Nach einer Minute wieder normal gehen, d. h. Ferse, Fußsohle, Zehen nacheinander auf den Boden. Nun gehen wir auf dem Fußrand mit steifen Knien. Nach 20 bis 30 Schritten wieder normal gehen. Dann gehen wir mit gewölbten Füßen, d. h. nur mit der Ferse und der großen Zehe den Boden berühren, mit steifen Knien. Die Füße sind so stark gewölbt, daß eine Kugel in der Größe eines Frankenstückes unter dem gewölbten Fuß durchgerollt werden könnte.

Wirkung: Diese Fußübungen korrigieren Plattfuß, Spreizfuß und Senkfuß. Sie sollten aber täglich geübt werden.

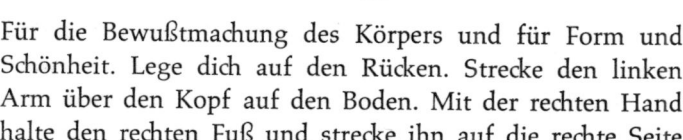

16. Gokarnasana

Für die Bewußtmachung des Körpers und für Form und Schönheit. Lege dich auf den Rücken. Strecke den linken Arm über den Kopf auf den Boden. Mit der rechten Hand halte den rechten Fuß und strecke ihn auf die rechte Seite auf den Boden, so daß die beiden Beine einen rechten Winkel bilden. Bleibe in dieser Stellung für ca. 20 Sekunden mit gleichmäßiger Tiefatmung. Dasselbe auf die andere Seite üben. 3 x

17. Gomukhasana

Diese Übung stärkt die Schultern-, Arm- und Rückenmuskeln und macht die Gelenke des Oberkörpers beweglich. Gegen rheumatische Schmerzen ist diese Übung ein Segen, weil der Kreislauf in den Gelenken gestärkt wird.
Auf den Fersen sitzend bringe die linke Hand von unten

auf die Mitte des Rückens, mit der rechten Hand
halte die linke Hand von oben, so daß der rechte
Ellbogen nach oben gedrückt wird. Abwechselnd
mit dem linken und rechten Arm üben.

18. *Halasana* Variation

Auf dem Rücken liegend Beine und Hüften heben, bis sich
die Füße über dem Kopf auf den Boden senken. Mit gespreizten Beinen sehr entspannt atmend für 15—20 Sekunden bleiben und nachher herunterkommen und völlig entspannt liegen.   3 x
Eine ausgezeichnete Übung zur Stärkung des Rückgrates
und des Kreuzes.

19. *Hastha-Padasana*

Sitze mit stark gespreizten Beinen. Tief einatmen, beim
Ausatmen nach vorne sich beugen, die Fußgelenke haltend,
wenn möglich die Stirne auf den Boden stellen. Nach ca.
5 Sekunden aufrecht sitzen und tief entspannt atmen.   3 x

Eine außerordentlich starke Übung für Rückgrat, Kreuz,
Becken und Beine.

20. *KAA-Kaasana*

Diese Übung fördert Gleichgewichts- und Sicherheitsgefühl
sowie Entschlossenheit.

Auf den Zehen hockend, mit gespreizten Beinen. Stelle die Hände vor dir auf den Boden. Stütze die Knie auf die Ellbogen und übertrage das Körpergewicht auf die Oberarme und Ellbogen. Versuche die Füße hochzuziehen, mit ein wenig Übung wird es dir gelingen.

21. Katikasana

Setze dich auf den Boden, Beine ausgestreckt und Füße zusammen, mit den Händen hinter dem Körper auf den Boden. Hebe beim Einatmen das Becken so hoch als möglich, beim Ausatmen setze dich wieder auf den Boden. Nach 3- bis 4mal hintereinander die Knie zusammenziehen und ruhen, mit Händen und Stirn an den Knien. **3 x**

Wirkung: Für die Belebung des Rückgrates spielt diese Übung eine Hauptrolle.

22. Konasana

Stehe aufrecht, mit gespreizten Beinen, die Hände ineinandergelegt hinter dem Körper. Tief einatmen, beim Ausatmen sich über das rechte Bein beugen, wenn möglich, mit der Stirn das Knie berühren. Einatmend sich aufrichten, ausatmend über das linke Bein sich beugen. Einatmend sich aufrichten und ausatmend aufrecht bleiben. Tief und entspannt atmen. **3 x**

Wirkung: Stärkt die inneren Organe und vernichtet Stagnation im Magen, in der Leber und hauptsächlich in den Gedärmen.

23. Lauliki Yoga

Setze dich auf die Fersen, mit den Händen auf dem Bauch. Tief einatmend die Bauchwand ausdehnen. Beim Ausatmen mit den Händen die ganze Bauchwand von links nach rechts stark pressen. Einatmend Bauchwand wieder ausdehnen, beim Ausatmen den Bauch wieder von links nach rechts stark pressen. 7- bis 10 mal fortsetzen, nachher nach vorne sich beugen und ruhen.   3 x

Wirkung: Für alle Bauchhöhlenorgane bietet diese Übung eine der stärksten Massagen. Gegen Magensäureüberschuß, Erkrankung der Bauchspeicheldrüse, Zuckerkrankheit und Verstopfung ist diese Übung empfehlenswert. Sie ist aber während der Menstruation zu vermeiden.

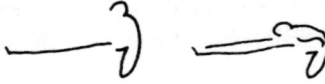

24. Maha-Mudra

Sitze mit dem rechten Bein gespreizt und dem linken Bein gebeugt, der linke Fuß berührt den inneren Teil des rechten Oberschenkels. Über das rechte Bein sich beugen, den Fuß mit beiden Händen halten. Tief einatmen, stark ausatmend den Bauch stark einziehen, mit dem Kinn den Brustkorb pressen und gleichzeitig den Aftermuskel schließen. Baucheinziehen = Uddijana-Bandha, Kinn pressen = Dschalandara-Bandha, Aftermuskel schließen = Mula-Bandha. Nach 5—7 Sekunden wieder einatmen und ausatmen. Dasselbe auf die linke Seite üben.   3 x

25. Mantrams

Die Entwicklung von Energie durch Laute wird Mantra-Yoga genannt. Für die Gesundheit des Körpers, für die Entwicklung unserer Konzentrationsfähigkeit und für die Erweckung latenter geistiger Zentren wird in Indien auch Mantra-Yoga geübt. Die Eindrücke des Tages durch Gedanken, Gespräche, Handlungen und Taten sammeln sich im Unterbewußtsein des Menschen. Wer Yoga übt, bemüht sich, positive, gute, aufbauende Eindrücke zu sammeln.

Sitze gerade, mit geschlossenen Augen, schalte alle Gedanken und Gefühle aus. Auf das »ICH« im Herzzentrum konzentrierend, wiederhole leise oder halblaut folgende Gedanken:

— Ich bin frei von jeder Bindung. Ich bin frei. Ich bin frei.
— Meine Widerstandskraft entwickelt sich von Moment zu Moment.
— Meine Willenskraft entwickelt sich von Moment zu Moment.
— Die Ursache jeder Störung im Körper verschwindet.
    (Nur wenn nötig anwenden)
— Ich bin furchtlos. Ich bin furchtlos. Ich bin furchtlos.
— Ich offenbare das Leben im Körper und in der Seele.
— Vollkommenes Gleichgewicht im Körper und in der Seele.
— Ruhe und Frieden. Ruhe und Frieden. Ruhe und Frieden.
— Ich bin bewußt im Körper und in der Seele.
— Vollkommene Gesundheit und Kraft.

Wie man eine Pflanze bei der Wurzel gießt, so wirken diese Befehle kraftspendend, lebenspendend und befreiend in jeder Hinsicht. Entweder können diese Sätze während der Übungen gesprochen werden, oder im Bett, unmittelbar vor dem Schlafen.

26. Nata-Padasana

Nach einem gewissen Alter vernachlässigt der Mensch seine Körperhaltung und wird sich durch Faulheit und Bequemlichkeit einen runden Rücken angewöhnen. Ein hohles Kreuz verursacht Müdigkeit im Rücken und Kreuzschmerz. Diese Übung stärkt das Rückgrat und entlastet das Kreuz. Lege dich auf den Rücken und halte die Beine senkrecht, das Kreuz bleibt auf dem Boden. Einatmend bringe das rechte Bein auf die rechte Seite auf den Boden. Ausatmend wieder senkrecht heben. Mit dem linken Bein dasselbe nach links üben.   3 x

27. Nataradschasana

Eine ausgezeichnete Gleichgewichts- und Konzentrationsübung.
Stehe auf dem rechten Bein, halte den linken Fuß mit der linken Hand und beuge dich ein bißchen nach vorn mit ausgestrecktem rechtem Arm. Sehr entspannt atmen und für einige Sekunden in dieser Stellung bleiben. Dasselbe mit dem rechten Bein üben.   3 x

28. Nataschira-Wadschrasana

Diese Übung entwickelt unsere Entschlossenheit und unser Festigkeitsgefühl.
Setze dich auf die Fersen, mit den Händen auf den Knien. Tief atmend sich aufrichten zum Kniestand. Beim Aus-

144

atmen kniend mit dem ganzen Körper nach hinten sich lehnen, so weit als möglich (nicht sich nach hinten beugen,
sondern lehnen). Einatmend sich wieder aufrichten und ausatmend sich auf die Fersen setzen, Hände auf die Knie.   3 x

29. Oordwa-Pastchimotanasana

siehe Beschreibung von Übung Nr. 46.

30. Padangustasana

Für die Entwicklung unserer Konzentrationsfähigkeit und
Innenschau. Auf den Zehen hockend, mit den Händen auf
beiden Seiten des Körpers auf dem Boden, stelle den linken
Fuß auf den rechten Oberschenkel, während du auf der rechten Ferse sitzest. Entspannt atmend, hebe die Hände seitwärts etwas unter Schulterhöhe. Dasselbe auch mit dem
anderen Bein üben.   3 x

31. Parschwa-Bhunamanasana

Sitze mit stark gespreizten Beinen, Hände ineinander hinter
dem Rücken. Tief einatmen, ausatmend über das linke Bein
sich beugen und mit der Stirn das Knie berühren. Tief einatmen, aufrecht sitzen, ausatmend über das rechte Bein sich
beugen. Einatmen, aufrecht sitzen und ausatmen, sich entspannen.   3 x

Wirkung: Außer der Stärkung des Rückgrates wird die
Funktion der inneren Organe angespornt.

32. Paschwa-Padakalanasana

Auf dem Rücken liegend die Beine senkrecht heben, die Arme neben den Körper gestreckt. Einatmen, ausatmend beide Beine auf die rechte Seite auf den Boden bringen. Einatmend Beine senkrecht heben, ausatmend beide Beine auf die linke Seite. **3 x**

Wirkung: Stärkt die Beine und fördert Entschlossenheit.

33. Parwatasana (Bergstellung)

Sitze mit gekreuzten Beinen oder auf den Fersen. Einatmen, Handflächen unmittelbar über dem Kopf zusammenstellen. Atem anhaltend Arme hoch über den Kopf strecken. In dieser Stellung für ca. 7 Sekunden bleiben. Ausatmend Hände auf die Knie stellen. 3mal hintereinander, dann ruhen. **3 x**

Wirkung: Entwickelt unsere Willens- und Widerstandskraft.

34. Pawanamuktasana

Lege dich auf den Rücken und umarme die Knie leicht. Tief einatmen, ausatmend die Knie stark mit den Händen zusammenziehen. Einatmen, die Knie locker halten, ausatmend die Knie stark zusammenziehen. Ca. 10 mal hintereinander. Beine ausstrecken und ruhen. **3 x**

Wirkung: Weil eine starke Blutleere entsteht bei den zusammengezogenen Knien und eine starke Blutzufuhr beim Einatmen und den locker gehaltenen Knien, regeneriert diese ungewöhnlich starke Massage die gesamten inneren Organe. Verstopfung, eine Krankheit, welche den Körper vergiftet und dadurch degeneriert, wird völlig geheilt. Ebenfalls Diabetes und Nierenleiden.

35. *Pawanamuktasana sitzend*

Setze dich auf den Boden und umarme die Knie leicht. Atme tief ein und halte die Knie locker, ausatmend die Knie stark zusammenziehen. 7- bis 10mal hintereinander. In der Ruhestellung Hände und Kopf an die Knie.
Hat dieselbe Wirkung wie die vorherige Übung.

36. *Rückgratstärkende Übungen*

a) Sitze mit zusammengezogenen Knien, die Hände hinter dem Körper auf dem Boden. Hebe nun die Hüften so hoch als möglich und gehe auf allen vieren (Füße voraus) für zehn Schritte langsam vorwärts und wieder die zehn Schritte zurück. Nach einer kurzen Ruhe mit Tiefatmung wiederhole die Bewegung.

Wirkung: »Der Körper lebt, wenn sein Bewohner ihn belebt.« Diese Bewegung auf allen vieren belebt den Rücken und jeden einzelnen Muskel. Das Resultat ist, daß das Bewußtsein in den kleinsten Teil des Rückens, in die Arme, Beine und den Brustkorb hineingelenkt wird. Der Körper wird unglaublich elastisch, bewußt und auch immer entspannt.

b) Eine Variation derselben Übung ist, wenn du dich nach vorne beugst, die Handflächen auf den Boden stellst und auf allen vieren rund um das Zimmer gehst, wenn möglich mit steifen Knien.

37. *Sarwangasana* Variation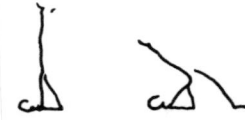

Auf dem Rücken liegend beim Ausatmen Beine und Hüften senkrecht heben, in Kerzenstellung, mit den Händen die Hüften halten. Während entspannter Atmung mit dem rechten Fuß den Boden berühren, rechtes Knie stark gebeugt. Dasselbe mit dem linken Bein üben. Nach 2- bis 3mal wieder herunterkommen und ruhen. 3 x

Wenn wir genug geübt sind, versuchen wir vorsichtig, wenn sich der rechte Fuß auf dem Boden befindet, den linken Fuß auch auf den Boden zu bringen. Die Hände stützen die Hüften. Nach einigen Sekunden rechtes Bein wieder senkrecht heben und nachher das linke. Herunterkommen und ruhen.

Wirkung: Der starke Druck auf das Nierengebiet verursacht eine gründliche Entfernung von Ablagerung von Toxin in den Nieren.

38. *Simhasana*

Sitze mit gekreuzten Beinen oder auf den Fersen, die Hände ruhen auf den Knien. Ausatmend die Zunge weit herausstrecken, mit offenem Mund. Einatmend den unteren Teil der Zunge (Zunge gerollt) stark nach oben gegen den Gaumen pressen.   7—10 x

Wirkung: Eine der besten Übungen gegen Erkältungen, Hals- und Mandelentzündungen, da sie einen starken Kreislauf im Hals verursacht. Diejenigen, deren Hals durch häufiges Reden stark in Anspruch genommen wird, wie Lehrer, Sänger etc. werden einen großen Nutzen von dieser Übung haben.

39. *Stambhasana*

Sitze mit zusammengezogenen Knien, die Hände hinter dem Körper auf dem Boden. Hebe die Beine senkrecht und atme dabei langsam. Nach 20 bis 30 Sekunden ruhen, mit Händen und Stirn auf den Knien.   3 x

Wirkung: Steigert unsere Widerstands- und Konzentrationsfähigkeit und unsere Entschlossenheit.

40. *Tadaghi-Mudra*

Lege dich flach auf den Rücken. Einatmend Arme über den Kopf strecken, ausatmend sich aufsetzen, nach vorne sich beugen und Fußgelenke halten. Ohne Atmung den Bauch stark einziehen. Nach 5 bis 7 Sekunden tief einatmen, sich flach auf den Rücken legen und ruhen.   3 x

Wirkung: Dadurch, daß der ganze Bauchteil zusammengedrückt wird, bekommt der Bauch eine direkte Massage und, da wir den Bauch stark einziehen, außerdem noch eine indirekte Massage. Diese Übung fördert die Steigerung innerer Widerstandskraft und das verursachte Verdauungsfeuer vernichtet alle Stagnation von Magen, Leber und hauptsächlich den Gedärmen. Gegen Magensäureüberschuß, Gallen- und Nierensteine wendet man diese Übung mit großem Erfolg an. Ihre seelische Wirkung ist die Entwicklung der Innenschau und einer großen Konzentrationsfähigkeit.

41. *Trataka*

Sitze mit gekreuzten Beinen und fixiere vor dir, auf der Wand, einen kleinen Punkt. Halte deine Augen weit offen, und mit jedem Atemzug lenke bzw. ziehe die Lebenskraft direkt in die Augen hinein. Erst wenn die Augen brennen, schließe sie für einen Augenblick und setze die Übung fort. Halte die Augen möglichst lange offen, ohne zu blinzeln. Mit ein wenig Übung wird es uns gelingen, die Augen bis 5 Minuten offen zu halten, ohne zu blinzeln.

Wirkung: Durch eine regelmäßige, bewußte Atmung wird Prana (Lebenskraft) durch die die Augen belebenden Nerven hineingelenkt in die Augen. Durch die Arterien wird sauerstoffreiches Blut vom Mittelpunkt bis zur Peripherie kreisen und die Toxine entfernen. Die Regeneration der Augen geschieht am schnellsten mit Hilfe dieser Übung. Deshalb wirkt sie — nach Erfahrung der Yogis — vernichtend auf alle Augenkrankheiten. Die Übung fördert außerdem die Innenschau und verleiht uns eine Überlegenheit und Sicherheit.

42. *Trikonasana* Variation

a) Stehe aufrecht, die Füße zusammen.
Tief einatmen. Ausatmend beuge dich
nach vorne mit stark gehobenem Kopf
und berühre den Boden mit den Fingerspitzen. Bleibe so für
einige Sekunden ohne Atmung. Tief einatmend sich aufrichten und ausatmen. Aufrecht bleiben und ruhen. 3 x

Wirkung: Durch einen starken Kreislauf in Hüften und
Rücken wird etwaige Ablagerung entfernt. Ihre seelische
Wirkung ist Aufrichtigkeit und Selbständigkeit.

b) Stehe aufrecht, mit gespreizten Beinen. Tief einatmend
Arme auf Schulterhöhe heben, die Handflächen sind nach
oben gedreht. Ausatmend mit der rechten Hand den linken
Fuß berühren und gleichzeitig den Oberkörper weit nach
links drehen. Einatmend sich aufrichten, mit gehobenen
ausgestreckten Armen. Ausatmend mit der linken Hand
den rechten Fuß berühren, den Oberkörper nach rechts
drehend. Einatmend sich wieder aufrichten mit ausgestreckten gehobenen Armen, ausatmen und Arme senken, Handflächen nach unten gedreht. 3 x

c) Stehe aufrecht, mit gespreizten Beinen. Ausatmend mit
der rechten Hand den linken Fuß berühren, das linke Knie
soll stark gebeugt sein und den linken Arm über den Kopf
strecken, parallel zum Boden. Nach 5 Sekunden einatmend
sich aufrichten mit· gestreckten, gehobenen Armen, ausatmend mit der linken Hand den rechten Fuß berühren, das
rechte Knie ist stark gebeugt, und den rechten Arm über
den Kopf strecken, parallel zum Boden. Nach 5 Sekunden
tief einatmend sich aufrichten, mit ausgestreckten, gehobenen Armen, ausatmend die Arme senken und ruhen. 3 x

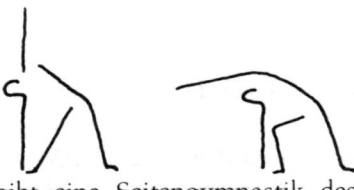

Wirkung: Diese Übung ergibt eine Seitengymnastik des Rückgrates. Hier werden die Seitenmuskeln des Rumpfes abwechselnd gespannt und gelockert. Der Rumpf spannt sich nach rechts und links, und an den Beugungen nehmen sämtliche die Wirbel haltenden Rückenmuskeln teil. Die Seitenmuskeln und das Rückgrat werden belebt. Die Wirbelknochen unterliegen einem Seitendruck und einer Spannung. Auf diese Weise erhält das Rückgrat die nötige Elastizität und wird samt den Hüftknochen und der Muskulatur eingeordnet. Nach Infektionskrankheiten Beschleunigung der vollen Heilung, da die im Organismus schleichenden Toxine einem Auflösungsprozeß unterzogen werden. Zahlreiche latente Infektionen werden aus dem Körper entfernt.

43. *Uddijana-Bandha* in Hockstellung

In Hockstellung sitzend, atme tief ein. Nach starker Ausatmung den Bauch stark einziehen. Ohne Atmung für 7—10 Sekunden bleiben. Tief einatmen und ruhen.   3 x

44. *Uddijana-Bandha* Variation

Stehe aufrecht mit gespreizten Beinen. Atme tief ein. Nach starker Ausatmung den Bauch stark einziehen, die Arme schräg über den Kopf strecken, so daß Arme und Beine zusammen ein X bilden. Tief einatmen, ausatmen und Arme von vorne senken, ruhen.   3 x

152

Wirkung: Dadurch, daß das Zwerchfell stark eingezogen ist, bietet diese Übung eine außergewöhnliche indirekte Massage auf die Bauchhöhlenorgane. Gegen Magen-, Nieren- und bei Frauen Gebärmuttersenkung wirkt diese Übung mit bestem Erfolg. Die Umwandlung oder Sublimation der sexuellen Kräfte wird gefördert. Die Übung ist empfehlenswert gegen häufigen Samenerguß bei Burschen und bei jungen Männern.

45. *Ustrasana* Kamelstellung

Setze dich auf die Fersen, die Füße zusammen. Die Fußgelenke mit beiden Händen haltend, hebe Kreuz und Becken so hoch als möglich. Bleibe tief atmend für 5—10 Sekunden in dieser Stellung. Auf den Fersen sitzend beuge dich nach vorne, stelle den Kopf auf die Fäuste und ruhe. 3 x

Wirkung: Gegen Fettablagerung an Bauch und Hüften eine vorzügliche Übung. Die Verbrennung im Körper wird gefördert und dadurch entsteht eine gesunde Verdauung.

46. *Urdwapastchimotanasana*

Sitze mit zusammengezogenen Knien. Die Fußgelenke mit beiden Händen haltend, strecke die Beine senkrecht hinauf. Mit Ausatmung berühre die gestreckten Knie mit der Stirne. Nach 5 Sekunden mit zusammengezogenen Knien ruhen. 3 x

Wirkung: Der außergewöhnliche Druck auf das Bauchgebiet verursacht eine große Blutleere in den inneren Organen. Bei

der Entspannung strömt plötzlich sauerstoffreiches Blut durch die großen Blutgefäße, genannt Arcus Aorta und Aorta abdominalis. Magen, Leber, Milz, Nieren und Gedärme werden gestärkt und regeneriert. Alle Störungen und Erkrankungen dieser Organe werden geheilt. Diese Übung ist sehr empfehlenswert für Diabetiker. Die Funktion der Pankreasdrüse (Bauchspeicheldrüse) wird beherrscht.

47. *Wadschrasana* Diamant-Stellung

Setze dich auf die Fersen. Lehne dich nach hinten und stelle die Ellbogen auf den Boden hinter dem Körper. Halte die Hüften mit den Händen und hebe sie so hoch als möglich. Gleichzeitig hängt der Kopf nach hinten und berührt den Boden. Atme gleichmäßig. Nach einer Weile beuge dich nach vorne und ruhe, den Kopf auf die Fäuste gestützt. Mit ein wenig Übung bleiben Bauch und Hüften oben, wie eine Brücke. Wenn es dir gelingt, versuche die Hände auf die Oberschenkel zu legen.   3 x

Wirkung: Diese Übung gibt, wie der Name sagt, die Festigkeit eines Diamanten. Der Kreislauf wird im unteren Teil des Körpers eingeschränkt, aber um so intensiver in den Bauchhöhlenorganen, im Brustkorb, in der Schilddrüse, im Gesicht und im Gehirn. Gegen Atem- und Herzbeschwerden eine vorzügliche Übung. Die Müdigkeit in den Augen und im Gehirn verschwindet schnell. Das Sehvermögen wird gestärkt.

48. Wadschroli-Mudra

Sitze mit zusammengezogenen Knien, die Handflächen vor
dir auf dem Boden. Die Beine hochhebend, atme gleichmäßig. Nach ca. 20 Sekunden ruhen, mit Händen und Stirn
auf den zusammengezogenen Knien.   3 x

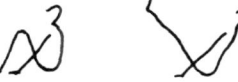

Wirkung: Diese Übung entwickelt unsere Willens- und
Widerstandskraft und gleichzeitig auch Ausdauer und Entschlossenheit.

49. Wakrasana Variation

Sitze mit stark gespreizten Beinen. Atme tief ein und strecke
die Arme über den Kopf, die Handflächen zusammenhaltend.
Beim Ausatmen drehe den Oberkörper langsam nach rechts.
Einatmend drehe den Körper langsam nach links, einatmend
wieder nach vorne, ausatmen und ruhen mit den Händen
auf den Knien.   3 x

Wirkung: Die wichtigen Nervenzentren im Rückgrat werden
mit Lebenskraft gefüllt, wodurch wir unsere Müdigkeit und
Nervosität verlieren.

50. Wiparitakarani Variation

Auf dem Rücken liegend hebe die Beine hoch und halte die
Hüften mit den Händen. Atme regelmäßig. Strecke dich
allmählich so stark, daß du auf den Schultern stehst und

halte die Knie mit den Händen. Bleibe bis zu einer Minute oben, dann ruhe auf dem Rücken liegend und atme entspannt.   3 x

Wirkung: Die Schilddrüsen werden beruhigt und gestärkt. Die Nervenzellen im Gehirn werden schnell aufgeladen. Eine ausgezeichnete Übung gegen Krampfadern.

51. *Wrikschasana*

Stehe aufrecht. Stelle den linken Fuß auf den rechten Oberschenkel oder auf das rechte Knie. Strecke die Arme über den Kopf, die Handflächen zusammenhaltend. Atme regelmäßig. Nach 30 Sekunden wechseln, d. h. den rechten Fuß auf den linken Oberschenkel stellen.   3 x

Wirkung: Eine ausgezeichnete Übung für äußeres und inneres Gleichgewicht, welches unsere Konzentrationsfähigkeit entwickelt.

52. *Wibhakta-Dschanusirasana*

siehe Nr. 19: Hasta-Padasana

53. *Wrikschasana* Baumstellung

Setze dich auf die Fersen, die Handflächen auf dem Boden neben dem Knie. Stelle den Kopf auf ein weiches Kissen vor dir und strecke die Knie. Hebe die Beine, eins nach dem anderen vom Boden weg, hinauf zum Kopfstand. Atme regel-

mäßig. Nach ca. 30 Sekunden setze dich wieder auf die Fersen. Beuge dich nach vorne und ruhe, mit der Stirn auf den Fäusten. 3 x
Menschen mit Rückgratschaden dürfen es auf keinen Fall üben.

Wirkung: Eine Übung zur Stärkung der Wirbelsäule. Wirkt entlastend auf das Gehirn. Stärkt das Gleichgewichtsgefühl, körperlich und seelisch.

54. *Yastikasana* Stockstellung

Lege dich flach auf den Rücken. Tief einatmend strecke die Arme über den Kopf auf den Boden. Atem anhaltend strecke den Körper von den Fingerspitzen bis zu den Zehen, so stark als möglich. Nach 10—20 Sekunden mit Ausatmung Arme herunter bringen neben den Körper. Ruhen. 3 x

Wirkung: Für Menschen mit Rückenschaden eine vorzügliche Übung, welche jeden einzelnen Wirbel streckt und entspannt. Wer viel sitzen muß bei der Arbeit, soll diese Übung täglich durchführen.

55. *Yoga-Mudra* mit Faust am Bauch

Auf den Fersen sitzend atme tief ein. Bei der Ausatmung drücke den Bauch mit den Fäusten und beuge dich nach vorne bis zum Boden. Bleibe ohne Atmung für ca. 10 Sekunden. Dich aufrichtend atme tief ein. Ausatmen und die Hände auf die Knie stellen. 3 x

Wirkung: Durch den intensiven Druck auf den Bauch entsteht eine Blutleere. Beim Aufrichten des Körpers regeneriert der starke Kreislauf die gesamten Bauchhöhlenorgane.

56. *Yoga-Mudra* Variation

Die Durchführung ist genau wie bei der
vorherigen Übung, nur mit dem Unterschied, daß die Arme hinter dem Körper senkrecht gehoben sind, die Hände ineinandergestellt.   3 x

57. *Yoga-Mudra* Variation

Auf den Fersen sitzend atme ein, fülle
aber nur die Hälfte der Lungen. Atem
anhaltend beuge dich nach vorne bis zum Boden. Halte die Hände hinter dem Körper zusammen. Nach 10 Sekunden setze dich auf und atme erst dann aus.   3 x

Weitere Leitgedanken großer Meister, Gedanken und Gedichte des Verfassers

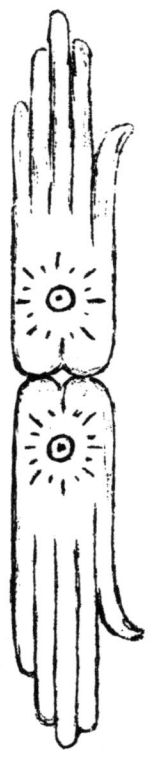

Mönche! Es gibt vier ewige Wahrheiten (Arya Staya): das Leiden, die Ursache des Leidens, das Aufheben der Ursache des Leidens und der Pfad aus dem Leiden in die Befreiung. So lauten die vier ewigen Wahrheiten.   Buddha

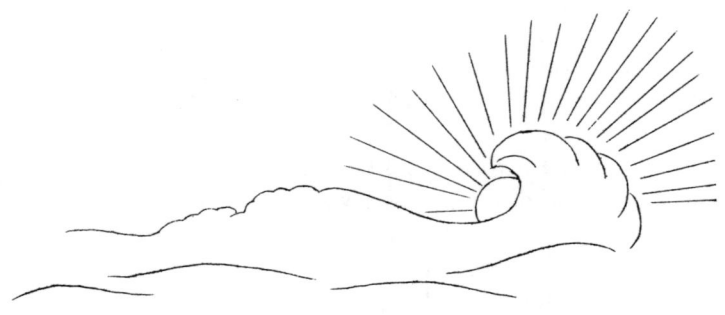

Um Erfolg zu haben, mußt du eine ungeheure Ausdauer, eine ungeheure Willenskraft besitzen. »Ich werde das Meer austrinken« sagt die beharrliche Seele. »Auf meinen Befehl werden Berge zerbröckeln.« Sei von solcher Kraft, von solchem Willen erfüllt, arbeite mit aller Kraft, und du wirst ans Ziel gelangen. Vivekananda

Sch.: Ich hänge an meiner Individualität, mag es noch so unwichtig sein. Ich will nicht absorbiert werden in diese ewige Einheit. Der bloße Gedanke ist entsetzlich für mich.

Vivekananda antwortete: Eines Tages fiel ein Tropfen Wasser in den Ozean. Wie er das bemerkte, fing er an zu weinen und zu klagen wie du jetzt. Der Riese Ozean lachte über den winzigen Wassertropfen. »Warum weinst du?« fragte er ihn. »Das kann ich nicht verstehen. Wie du mit mir eins geworden bist, bist du mit deinen Brüdern und Schwestern eins geworden, den andern' Wassertropfen, aus welchen ich bestehe. Du wirst auch der Ozean selbst sein. Wenn du mich verlassen willst, hebe dich mit einem Sonnenstrahl hinauf in die Wolken. Von dort kannst du wieder heruntersteigen, kleiner Wassertropfen, zum Segen der durstigen Erde.«

Betrachte deine Mutter als Gott. Betrachte deinen Vater als Gott. Betrachte deinen Lehrer als Gott.   Kathopanishad

Wir sollen Christen sein in Bezug auf Barmherzigkeit, Mohammedaner in Bezug auf strenges Einhalten äußerer Regeln und Hindus in Bezug auf Liebe zu allen Lebewesen.
Ramakrischna

Du mußt in Bezug auf allen Hochmut, alle Selbstüberschätzung und Eitelkeit wie abgestorben sein.   Swami Sabhapatti

Das gesunde Individuum hebt den Wert der ganzen Nation, denn als ein Teil des Ganzen bildet es das Ganze. Wir brauchen ruhige, friedvolle, gesunde und starke Menschen. Nur solche können gute Werke vollbringen und eine dauernde, gute Wirkung erzielen. Wir brauchen Menschen, deren Kräfte nicht vergeudet, sondern gesammelt und gezügelt sind.   S. Y.

Verurteile die Welt nicht. Vergöttliche die Welt durch deine Taten, reinige die Welt durch dein Gespräch und verherrliche die Welt durch deine Gegenwart. S. Y.

Arbeiten ist auch eine Form der Meditation. Was tut man denn, wenn man arbeitet? Man ist in einem Zustand der Einheit und der Konzentration im Herzen. Wahres Wirken und Arbeiten ist nur ein äußerer Ausdruck dieses Zustandes. Meditation hilft uns, in konzentrierter Weise zu arbeiten. Solches Arbeiten bringt sicher Erfolg. Aber wenn die Kräfte immer zerstreut sind, kann keine Arbeit erfolgreich sein. S. Y.

Die Offenbarung der Veden

Lakschmana sagte einmal zu seinem göttlichen Bruder: »Ist es nicht seltsam, o Rama, daß ein Wissender (Dschnanin) wie Vasischtha über den Verlust seiner Söhne geweint haben soll und untröstlich war?«

Dem entgegnete Rama: »Zugegeben, mein Bruder! Doch bedenke, daß ein jeder, der Erkenntnis (Dschnana) besitzt, zugleich auch Nichtwissen (Adschnana) besitzen muß, daß ein jeder, der um die Einheit weiß, auch um die Vielheit wissen muß; daß ein jeder, der das Bewußtsein von Licht hat, auch das der Finsternis haben muß, weil alle diese Gegensatzpaare dem Bereich des Nichtwissens zugehören. Man kann von Leid und Unwissenheit nicht frei werden, bevor man sie nicht beide überschreitet.

Einsam wandere ich und habe kein Heim
wohin ich gehöre.
Einsam wandere ich und besitze nichts
das mir gehört.
Aber ich stehe an den grenzenlosen Gestaden der Schöpfung
und weiß: sie gehört mir ganz.   S. Y.

Das Dorf, wo ich geboren wurde

Ach tief in mir, was mahnt mich nur,
Zutiefst in meinem Herzen?
Die Stimme flüstert Tag und Nacht,
Sie spricht von meiner Heimat.
Dort liegt, jenseits der sieben Meere,
Jenseits der hohen Berge,
Ein kleines Haus aus Lehm und Stein,
Nah bei zwei kleinen Quellen.

Sie spricht zu mir von Kindheitstagen,
Von Träumen, Glück und Scherz,
Als ich vom Morgen bis zur Dämmerstunde
Den Tag durchwanderte — allein —
Wo zwischen schwarzen Felsen von Granit
Reisfelder üppig grünten,
Wo ich vom Hügel aus tief unter mir
Mein stilles Dorf erblickte.

Oft hört ich dann die Tempelglocken,
Die Kinder heimwärts mahnend
Und die Bauern, die in Demut
Ihr Tagewerk vollbringen.
So singt ihr Klang mir heute wieder
Dem fernen Sohn ins Ohr, wie einst,
Als ich auf jenem Hügel weilte:
»Mein Lieber, kehre heim.«   S. Y.

»Das, was Gestalt und Eigenschaften hat, ist auch gestalt-
und eigenschaftslos. Die Gottheit (Brahman) und Ihre Kraft
(Schakti) sind nicht zwei, sondern das eine göttliche Prinzip
unter den zwei Aspekten des Männlichen und des Weibli-
chen.« Ramakrischna

Der Mensch, dessen Kräfte zerstreut sind, ist ruhelos. Der
Mensch, der sich konzentriert, ist ruhig und überlegen, denn
seine Kräfte sind gesammelt. Übe dich täglich in der Meditation. Sie wird deine schlummernden Fähigkeiten wecken.
Wenn die Kräfte gesammelt sind, wird jede Arbeit gelingen. S. Y.

Freiheit heißt: aller Illusionen ledig sein. Vivekananda

Fr.: Welche Tageszeit ist zur Meditation am günstigsten?
M.: Was ist Zeit? Ramana Maharschi

Wer das Ziel wahrnimmt, kann nie den Weg verlieren. S. Y.

Geh' vorwärts ohne Pfad!
Fürchte nichts, sorge dich um nichts!
Wandere allein wie ein Rhinozeros!
Dem Löwen gleich, den kein Geräusch erschreckt,
Dem Winde gleich, den kein Netz fangen kann
Dem Lotusblatte gleich, vom Wasser unbefleckt,
Wandere allein wie ein Rhinozeros!   Dhammapada

Laß dies Singen von Chorälen, dieses Perlenzählen an dem
  Rosenkranz!
Wen verehrst du im entlegenen, dunklen Winkel eines
  Tempels, dicht geschlossen jedes Tor?
Mach auf die Augen, sieh! Dein Gott ist nicht vor dir.

Dort ist er, wo der Bauer pflügt auf hartem Grund;
Dort, wo der Wegemacher Steine bricht.
Bei ihnen ist er, im Sonnenschein und Regenschauer.
Sein Kleid ist ganz mit Staub bedeckt.
Leg deinen heiligen Mantel ab, tu es ihm gleich
Und steig herab zum Staub der Erde!

Erlösung? Wo findest du Erlösung?
Hat unser Meister selbst nicht freudig sich die Fessel,
Die Geschaff'nes bindet, angelegt?
Er ist mit uns gebunden, für immer mit uns allen.

Komm du heraus aus tiefer Selbstversenkung,
Laß Weihrauch, deine Blütenkränze laß beiseit'!
Was macht es schon, wenn deine Kleider
Zerrissen oder fleckig werden?
Begegne Ihm und stelle dich zu Ihm
In Mühsal und im Schweiße deiner Stirn.

Rabindranath Tagore

Wahrheit gibt es eine einzige. Die Weisen benennen sie mit verschiedenen Namen. Es gibt einen Gott, eine absolute Wahrheit und ein SEIN. Menschen aus verschiedenen Ländern beten Gott unter verschiedenen Namen und in verschiedenen Formen an. Jeder von diesen Namen und jede von diesen Formen ist ein Gesicht des Ewigen.   Bhagavatam

Wenn blind in mir die Leidenschaften toben,
Dann lasset mich die Segel hissen,
Die Winde einzufangen, die sie treiben
Und über Wasser, tief mit bergeshohen Wogen
Sollen eilends sie mich tragen, ohne Halt und Rast
Zum fernen Horizonte meiner Träume,
Hinweg aus dieser Nacht der Leidenschaften,
Durch Finsternis zum Licht.
Durch tiefe, schwarze Nacht
Zum Sonnenglanz des Morgens.   S. Y.

*

Die plätschernden Quellen, die singenden Bäche,
Sie eilen hinunter in den Strom und mit ihm
Fließen sie heim, in den unendlichen Ozean.
So eile ich hin zu Dir,
Über Berge und Täler Deiner Schöpfung,
Bis ich, alle Schranken durchbrechend,
Zu Dir mich finde,
            Dir, dem Unendlichen,
            Dir, dem Ewigen,
            Dir, dem Allmächtigen.   S. Y.

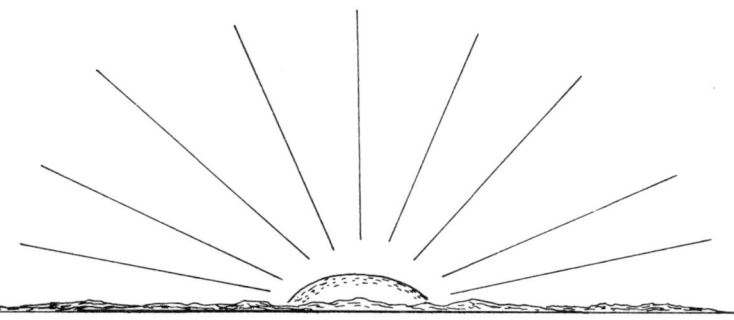

Es ist unmöglich, Gott, den Lebensspender des Weltalls, mit unseren leiblichen Augen zu sehen. Gott ist Geist, und Geist kann man nur sein. Die Religion weist uns den Weg hierzu. Wahre Religion ist daher Verwirklichung des Geistes. S. Y.

*

Der Yogi strebt darnach, sich selbst zu vervollkommnen, und dadurch erlangt er das höchste Glück des Geistes. S. Y.

Wo deine Freiheit andere verletzt, bist du nicht frei, denn du darfst andere nicht verletzen. Vivekananda

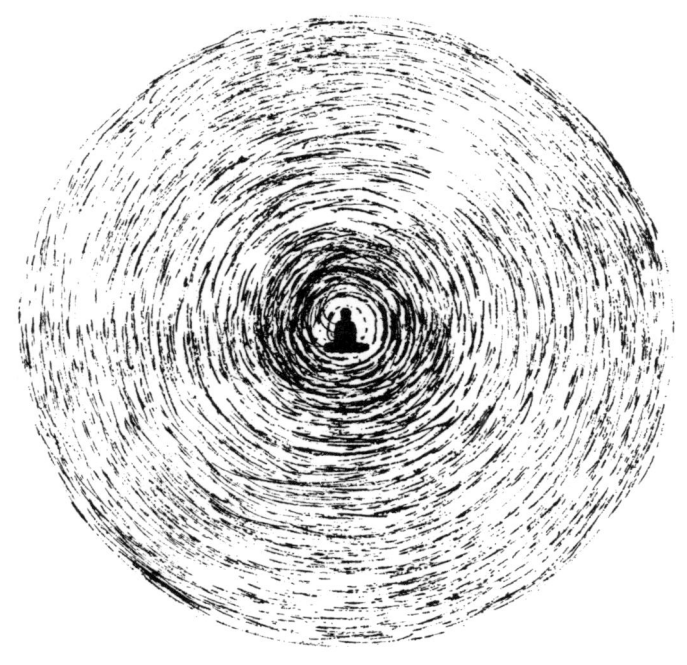

S: Ich kann meinen Verstand nicht beherrschen.

R: Wieso? Es gibt etwas was man Abhyasayoga nennt, das heißt Yoga durch Übung. Übe regelmäßig und du wirst sehen, daß dir dein Verstand folgen wird, wohin du ihn auch immer führst. Der Verstand ist wie ein weißer Stoff, der aus der Reinigungs-Anstalt kommt. Er wird rot, wenn du ihn in rote Farbe, und blau, wenn du ihn in blaue Farbe tunkst. Er wird diese Farbe bekommen in welche du ihn hineintauchst.   Ramakrischna

Wie der Weg des Adlers in der Luft und der Weg der Schlange unsichtbar sind, so unsichtbar ist der Weg der Weisen.   Buddha

»O Ardschuna! Ich habe keine Pflicht in der ganzen Welt!« sagt Krischna. Sei ohne Eigenwille ergeben, vollkommen ohne Sorge; nur so allein kannst du wahrhaft wirken.

Vivekananda

Es sind zwei Dinge, die vollkommen unveränderlich sind: Gute Taten bringen inneren Frieden und Glück, und böse Taten bringen seelisches Chaos und Verzweiflung   Buddha

Lange ist die Nacht für den Wachenden, lange ist eine Meile für den Müden; lange ist das Leben für den Törichten, der das wahre Gesetz nicht kennt.

Wenn ein Reisender keinem begegnet, der höher steht als er, oder wenigstens auf gleicher Stufe, soll er eher seine einsame Reise allein fortsetzen. Es gibt keine nützliche Gesellschaft mit einem Narren.

Der Törichte, der sich seiner Torheit bewußt ist, ist wenigstens insofern weise. Aber ein Törichter, der sich selbst weise hält, ist wahrlich ein Törichter. Der Narr ist sich selbst der größte Feind, denn er begeht böse Taten, die ihm nur bittere Folgen bringen.

Eine Tat ist dann eine schlechte Tat, wenn man sie bereut und ihre Folge mit Tränen empfängt. Aber jene Tat ist gut, die man nicht bereut und deren Folge man freudevoll empfängt.   Buddha

Reiße hinweg den Schleier, der Dir die Sicht verhüllt,
Dein Denken trübt, Deine Zunge gefangen hält.
Verkünde Deine Freiheit
Mit furchtlosem Atem
Und sprenge die Fesseln der Zeit.
Ewigkeit ist Dein Ziel!
Kein Sklave mehr bist Du,
Kriechend unter der schweren Peitsche der Sinne.
Zerreiße Deine Ketten von Liebe oder Haß,
Weil beide binden.
Und erhebe Dein Löwenhaupt
Die grenzenlosen Weiten ewger Freiheit,
— Auf immer Dein — zu überblicken.   S. Y.

Des Bettlers Lumpen

Aus weiter Ferne eilte ich auf diesem Weg
Und hastete die vielen Meilen,
Um nicht verspätet an dem Feste zu erscheinen,
Zu welchem Du mich riefst, oh mein Gebieter!

Und wie ein Bettler wartete ich mit leeren Händen.
Jetzt aber, mit wortlosen Lippen, stehe ich
Erstaunt und verwirrt
Vor all den Schätzen, die zu meinen Füßen liegen.

Du gibst! Doch meine Taschen sind zerschlissen und zerrissen
Und ich weiß nicht, wohin mit all dem Gold.
Nun aber erlöst mich Deine sanfte Liebe von meiner Armut,
Und meine Lumpen verwandeln sich in glänzendes Gewand.

Auf meiner Flöte möcht ich spielen,
Aber die Freude überflutet mein Herz.
So laß nun in Stille mich durch diesen Garten wandern
Und mit friedvollem Gebet meine Tage vollenden.   S. Y.

Religion bedeutet, über alles Menschliche in uns hinauszu-
wachsen und mit dem Göttlichen in Berührung zu kommen.
Wo anders kann dies erreicht werden als in uns selbst?

S. Y.

Mit zunehmender Widerstandskraft verschwinden Leiden
und Krankheit. Wenn die in so kurzer Zeit gesammelten
positiven Energien wahrgenommen werden, wird in uns
eine heitere Lebenseinstellung wirksam. Mit ruhiger Ver-
fassung können wir unsere Pflichten viel leichter erfüllen,
weil alle Kräfte gesammelt sind.   S. Y.

Ich muß das Höchste offenbaren. Ich kann mich mit nichts
Geringerem als mit dem Höchsten zufrieden geben.   S. Y.

Ein Beweis der Festigkeit des Geistes ist die Festigkeit des
Blicks. Sobald der Geist sich festigt, wird auch der Blick fest.
Die Unsicherheit in Blick und Bewegung verschwindet voll-
kommen.   Turiyananda

Wenn ein Mensch Leid erfahren hat und weiß was Leid ist, wie kann er es leichtfertig einem andern zufügen?

Das Leid, welches ein Mensch einem andern zufügt, kehrt schon am gleichen Nachmittag zu ihm zurück.

Die beste Strafe für die, welche dir Böses tun, ist sie zu beschämen, indem wir Böses mit Gutem vergelten.

Hat die Menschheit einen größeren Feind als den Zorn, welcher das Lachen und die Freude tötet? (Welche wahrhaftig der größte Segen auf dieser Erde sind.)

Wenn die Menschen ihre eigenen Fehler sehen würden, wie sie die Fehler der andern sehen, wäre das Böse bald von dieser Welt vertilgt.

Wenn du in Wort und Gedanken wahrhaft bist, so bist du dem überlegen, der Bußen erduldet und Gaben opfert.

Es gibt keinen größeren Reichtum als den Besitz eines neidlosen Gemütes. (Tiru Valluvar)

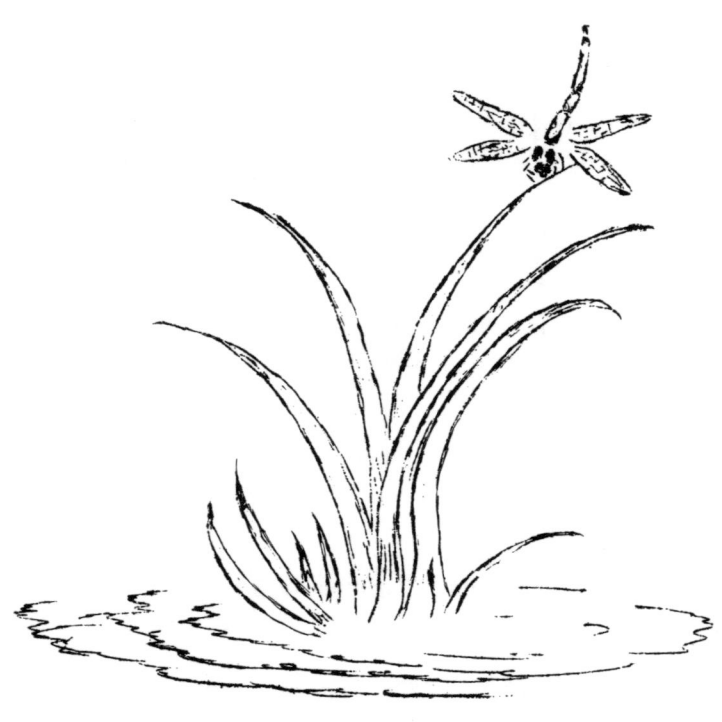

Lerne, dich in andere Körper einzufühlen, um zu erkennen, daß wir alle eins sind. Schlage dir alles andere als Unsinn aus dem Kopf. Wirf deine Handlungen von dir, gute und schlechte, und denke nie mehr an sie. Getan ist getan. Wirf jeden Aberglauben von dir. Habe keine Schwäche in dir, nicht einmal angesichts des Todes. Bereue nicht und brüte nicht über vergangenen Taten; erinnere dich nicht deiner guten Taten — sei frei. Der Schwache, der Ängstliche, der Unwissende wird niemals das Selbst erreichen.

Vivekananda

Nicht Erkenntnis, sondern Verwirklichung ist wahre Religion.

Durch Ernsthaftigkeit, durch Zurückhaltung und Beherrschung vermag der Weise eine Insel zu bauen, welche durch
keine Überschwemmung fortgespült werden kann. Buddha

Freundschaft ist nicht nur dazu da, um miteinander fröhlich zu lachen, sondern um einander ernste Ratschläge zu geben. Gib diese in dem Augenblick, wenn dein Freund vom rechten Weg abweichen will.   T. V.

Es ist wahr, Simba, daß ich Taten anklage, aber nur solche Taten, die in Gedanken, Rede und Tat zum Bösen führen. Es ist wahr, Simba, daß ich Vernichtung predige, jedoch nur die Vernichtung von Stolz, Begierde, bösen Gedanken und Unwissenheit, niemals die Vernichtung von Vergebung, Liebe, Mitleid und Wahrheit. Buddha

Genieße die Freude, die dir zuteil ward, und trage das Leid, das dir zuteil ward; warte ruhig ab, was die Zeit bringt, wie der Landmann es mit den Früchten tut. Mahabharatam

Der Mensch, der dem Zorn oder Haß oder irgendeiner anderen Leidenschaft Raum gibt, kann nicht arbeiten, denn er zersplittert nur seine Kräfte und tut nichts Nützliches. Der ruhige, versöhnliche, gerechte, wohlausgeglichene Geist leistet die größte Arbeit.   Vivekananda

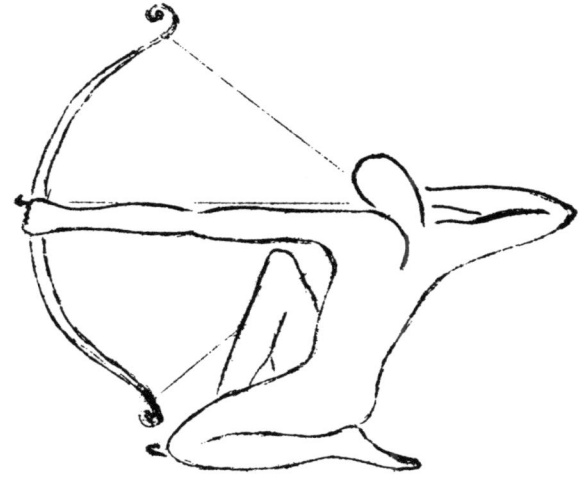

Der Wille zum Leben ist das Gesetz des Lebens. Wer es nicht
offenbart, verschwindet. Unbarmherzig schwemmt ihn der
Strom der Umstände fort. Der Held, der wirklich lebt, ge-
winnt die Freude am Leben.   S. Y.

Wenn der Atavismus siegt, dann beginnt der Niedergang.
Wenn die Evolution siegt, dann gehen wir aufwärts.

Vivekananda

Das Mittel, Nichtwissen zu zerstören, ist unaufhörliche
Übung in der Unterscheidung.   Patandschali

Du wirst in dem Augenblick frei sein, wenn dein persön-
liches Bewußtsein schwindet und du selbst in die Gottheit
eingehst.   Ramakrischna

»Wenn der Himmel einen Menschen geschaffen hat, muß er zu etwas nütze sein.«

Die unendliche Zukunft liegt vor dir. Du mußt dich immer erinnern, daß jedes Wort, jeder Gedanke und jede Handlung sich in dir aufspeichern, und daß einerseits die bösen Gedanken und die schlechten Taten bereit sind, dich wie ein Tiger anzufallen, andererseits aber auch die anfeuernde Hoffnung besteht, daß die guten Gedanken, und die guten Handlungen bereit sind, dich mit der Macht von hunderttausend Engeln zu verteidigen, immer und ewig.

Vivekananda

Der Mensch ist ein allmächtiges Wesen. Seine Erfahrungen werden einst den schlafenden Riesen in ihm wachrufen, auf daß er sich erhebe und seine eigene Größe und Kraft bezeuge. Sind nicht des Menschen Errungenschaften ein Zeugnis seiner Größe und seiner unbegrenzten Natur? Wird er nicht immer Neues erringen? Hat er schon alle Seiten des Lebensbuches beschrieben? So unermeßlich wie die Himmel sind, so unermeßlich sind des Menschen Möglichkeiten. S. Y.

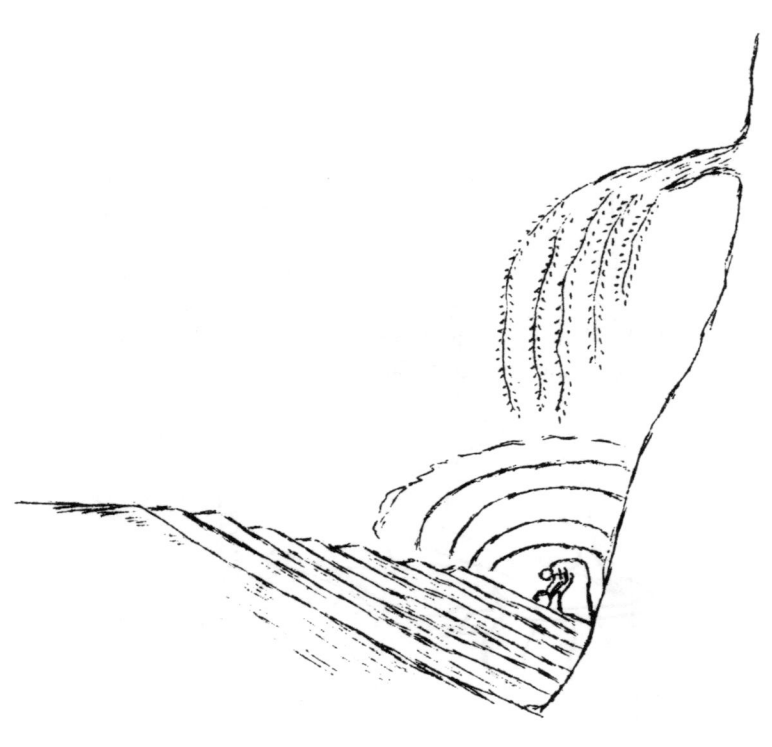

Buddha glaubte nicht an Macht oder ähnliches. Er sprach
nur von der Vernichtung der Begierden. Zur Meditation saß
er unter einem Baum und sprach: »Dieser Körper soll ver-
faulen. Es ist besser auf der Stelle zu sterben, denn das Nir-
wana nicht zu erreichen. Dieser Körper ist ein großer Schelm.
Ohne ihn zu beherrschen, kann nichts erreicht werden.«

Vivekananda

Lerne die Wahrheit des Göttlichen Selbstes nur von solchen,
die Es schon selbst verwirklicht haben. Bei allen anderen ist
es nur leeres Gerede. Verwirklichung ist über Tugend und
Laster, über Zukunft und Vergangenheit, über allen Gegen-
sätzen. Der Makellose sieht in allem das SELBST, und ewiger
Friede herrscht in seiner Seele. Sprechen, argumentieren, das
Lesen der Schriften, höchster Flug des Intellekts, sogar die
Veden können kein Wissen vom Selbst ermitteln.

Vivekananda

An meine Muse

Ich habe es aufgefangen, Dein Echo,
das in stillem Geflüster aus den Tiefen
meiner unergründlichen Seele widerhallte.

Ich habe Dich gesehen, wie Du auf den Saiten
meines Herzens die traurige Musik meiner in
den Netzen dieser Welt gefangenen Seele
spieltest.

Und ich habe Dich gesehen ihre Saiten
zerreißen und in einen Gesang ausbrechen,
den nur meine befreite Seele singen konnte.

S. Y.

Dies ist die einzige Möglichkeit, das Ziel zu erreichen, uns
selbst und allen anderen zu sagen, daß wir göttlich sind.
Wenn wir dies immer wiederholen, werden wir stark. Der
zuerst strauchelt, wird stärker und stärker werden, und die
Stimme wird zunehmen an Kraft, bis die Wahrheit von
unserem Herzen Besitz ergreift, durch unsere Adern rinnt
und unseren Körper durchdringt. Die Täuschung wird
schwinden, wenn das Licht immer mehr strahlt, die schwere
Last der Unwissenheit wird mehr und mehr schwinden.
Dann wird eine Zeit kommen, da alles sonst verschwunden
ist und die Sonne allein scheint. Vivekananda

Je mehr man seine religiösen Übungen vor anderen verbirgt, um so besser ist es für einen selber.

*

Richte deine Meditation auf Gott in einem stillen Winkel oder in der Einsamkeit der Wälder oder in deinem eigenen Innern.

*

Fächer sind überflüssig, wenn der Wind weht. Mit Gebeten und Kasteiungen kann man aufhören, wenn Gottes Gnade sich herabsenkt.

*

Wer Glauben hat, hat alles, und wem er fehlt, dem fehlt alles.   Sri Ramakrischna

So oft Konzentration geübt wird, werden dadurch Geist und Körper völlig zur Ruhe kommen.   Vivekananda

F.: Wie sollen wir in der Welt leben?
A.: Tue alle deine Pflichten, aber lebe in Gott. Lebe mit allen — Kindern, Vater und Mutter. Behandle sie wie deine Nahestehenden, aber wisse, daß sie nicht dir gehören. Ramakrischna

Der Törichte quält sich, wenn er denkt: »Meine Söhne gehören mir, dieser Reichtum gehört mir.« Er selber gehört nicht sich selbst. Wie könnten also seine Söhne ihm gehören? Buddha

Der Körper ist mein Wagen, die fünf Sinne sind meine Pferde, mein Verstand ist der Zügel, aber ICH BIN DER WAGENLENKER. Bhagavad Gita

Wer von den Fesseln der Zeit befreit ist, dessen Werk wird das beste sein.

S. Y.

Es ist unmöglich Fortschritte zu machen, so lange man noch Grund hat, sich zu schämen, so lange man noch Haß und Angst in sich hat.

Ramakrischna

Nur eine kultivierte Menschheit kann die Welt erlösen.

Pestalozzi

Das Selbst ist unteilbar und ohne ein zweites; aber der Körper besteht aus mehreren Teilen. Und doch werden die beiden miteinander identifiziert. Gibt es eine größere Unwissenheit als diese?

Das Selbst ist der Herrscher und objektiv. Der Körper ist der Beherrschte und subjektiv. Und doch werden die beiden miteinander identifiziert. Gibt es eine größere Unwissenheit als diese?

Das Selbst ist von Natur aus das Wissen und die Reinheit. Der Körper besteht aus Fleisch und ist unrein. Und doch werden die beiden miteinander identifiziert. Gibt es eine größere Unwissenheit als diese? Sankaracharya

Alles Geschaffene verschwindet. Dem, der das weiß, wird das Leiden gleichgültig. Dies ist der Weg zur Reinheit.
Alles Geschaffene ist der Trauer und dem Leid untertan. Dem, der das weiß, wird das Leiden gleichgültig. Dies ist der Weg zur Reinheit. Buddha

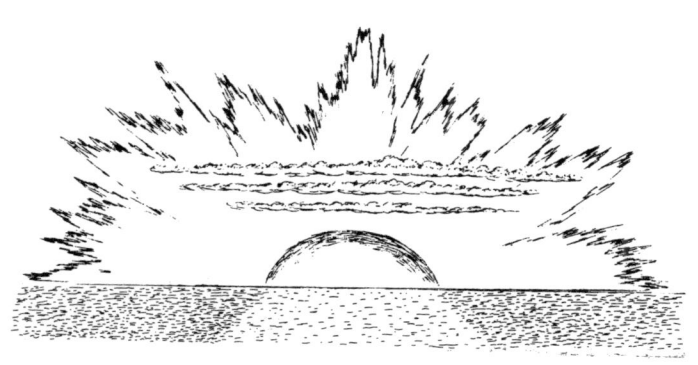

Im endlosen Spiel Deiner Schöpfung erschufst Du mich, daß
ich teilnehmen soll an dem Spiel ohne Ende. Darin liegt
Deine Freude.   S. Y.

Ich schlief und träumte: das Leben war Freude.
Ich erwachte und sah: das Leben war Pflicht.
Ich handelte und sah: die Pflicht war Freude.

Tagore

Lang ist die Wanderung, die vor mir liegt, unzählbare Wege
habe ich zurückgelegt, und viele Welten habe ich durchwan-
dert. Trunken von der Schönheit Deiner Schöpfung, habe ich
auf manchem Stern geschlafen.
Mit dem ewigen Hauch des Himmels in meinem Busen
kennt mein Leben weder Anfang noch Ende.   S. Y.

Es gibt Hunderttausende von Lehrern, aber es ist schwer, einen wahren Schüler zu finden.   Indische Wahrheit

»Nur der Mensch ist frei, der seine Triebe beherrscht und nicht der Sklave seiner Leidenschaften, Begierden und Wünsche ist.«   E. Haich

Wenn's etwas gibt, gewaltiger als das Schicksal, so ist's der Mut, der's unerschüttert trägt.   Shakespeare

Steh auf! Erwache! Was machst du? Wenn der Körper vergeht, soll er in Arbeit vergehen. Das Göttliche in dir und in andern zu erwecken ist das Ziel.   Vivekananda

Sorgfältig die eigene Pflicht erfüllen, ist der größte Gottesdienst.   Sri Ramana Maharschi

STEH AUF! ERWACHE! UND HALTE NICHT AN, BIS DU
DAS ZIEL ERREICHT HAST!   Upanischaden

Wie Ardschuna seinen Bogen hebt und zielt, fragt Drona:
»Was siehst du Ardschuna? Siehst du den Baum?« — »Nein,
Herr.« — »Siehst du die Zweige?« — »Nein, Herr.« — »Siehst
du den Vogel?« — »Nein, Herr.« »Was siehst du denn,
Ardschuna?« — »O edler Herr, ich sehe nur das Auge des
Vogels.« Und wer fühlt nicht, daß derjenige, dessen An-
betung gleich ist, außer Gott nichts sehen kann? Und wer
weiß nicht mit Sicherheit, daß mit solcher Eindeutigkeit der
Hingabe das Ziel »Gott« getroffen und erreicht werden muß?

S. Y.

Fr: Ist Einsamkeit für einen jnani notwendig? (für einen
    Menschen der auf dem Weg des Wissens geht)
M.: Einsamkeit ist im Menschengeist. Man kann mitten in
    der Welt sein und die lichte Heiterkeit des Geistes wah-
    ren; solch ein Mensch ist einsam. Ein anderer mag im
    Walde leben, aber unfähig zur Kontrolle seines Geistes
    sein; ihn kann man nicht einsam nennen. Einsamkeit
    ist eine Geisteshaltung. Ein Mensch, der an Wünschen
    hängt, findet keine Einsamkeit, wo er auch sein mag;
    der Losgelöste ist immer einsam. Sri Ramana Maharshi

In einem einzigen Gruß an Dich, mein Gott, laß alle meine Sinne sich entfalten und diese Welt zu Deinen Füßen streifen!

Gleich der Regenwolke, die mit der Last von unergossenen Schauern tief überm Boden hängt, laß alle meine Sinne, mein ganzes Denken sich verneigen vor Deiner Tür in einem einzigen Gruß an Dich!

Laß aller meiner Lieder verschiedene Weisen zu einem einzigen Strome sich vereinen und zu dem Meer des Schweigens fließen in einem einzigen Gruß an Dich!

Gleich einer Schar von Kranichen, die heimwehkrank zu ihren Nestern im Gebirge Tag und Nacht nach Hause fliegen, laß mein ganzes Leben seine Reise tun zum ewigen Heim in einem einzigen Gruß an Dich.   Rabindranath Tagore

Das Leben ist nur eine Brücke, baue kein Haus darauf.

Chinesische Weisheit

Rache bringt Freude nur für einen Tag, Duldsamkeit bringt Ruhm für alle Zeiten.

Tiruvalluvar

Hebe deinen Kopf, denn jeder von euch trägt Gott in sich. Sei dessen würdig und sei stolz.

Vedanta

Wie ein Mensch sein verbrauchtes Kleid wegwirft und ein neues anzieht, so wird der im Körper verkleidete Geist seinen verbrauchten Körper einmal wegwerfen und sich wieder in einen neuen einkleiden.

Bhagavad Gita

Ich sah den Lehrer unter einem Baume sitzen. Er war ein
Jüngling von sechzehn — und der Schüler war achtzig. Die
Lehre des Lehrers war Schweigen — und die Zweifel des
Zweifelnden verschwanden.   Altindischer Vers

Wer glaubt: »Ich bin der Körper«, bleibt unwissend, genau so wie derjenige, der glaubt: »dieser Körper gehört mir« —, wie wenn er ein leeres Gefäß als sein eigenes betrachtete.

»ICH bin wahrlich Geist, ohne Unterschied, unveränderlich und von Natur aus die einzige Wirklichkeit, das Wissen und die Glückseligkeit. So bin ich nicht der Körper, der ununterbrochen ständiger Veränderung unterworfen ist.« Das nennen die Weisen Wissen.

»ICH bin unveränderlich, formlos, fehlerlos und ohne Verwesung. Deshalb bin ich nicht der Körper, der unwirklich ist.« Das nennen die Weisen Wissen.

»ICH bin ohne Krankheit, ohne Schein, ohne Gegensätze und all-durchdringend. Deshalb bin ich nicht der Körper, der unwirklich ist.« Das nennen die Weisen Wissen.

»ICH bin ohne Eigenschaften, ohne Tätigkeit, ewig, ewig frei und unzerstörbar. Deshalb bin ich nicht der Körper, der unwirklich ist.« Das nennen die Weisen Wissen.

»ICH bin makellos, ohne Bewegung, ohne Ende, rein, und unberührt von Alter und Tod. Deshalb bin ich nicht der Körper, der unwirklich ist.« Das nennen die Weisen Wissen.

Sankaracharya

ICH BIN DER WEG, DIE WAHRHEIT UND DAS LEBEN; niemand kommt zum Vater denn durch mich.

Neues Testament, Joh. 14/6

Das SELBST wird nicht von Schwachen erreicht. Wenn in dem Körper und in der Seele keine Kraft ist, kann man das SELBST nicht verwirklichen. Zuerst mußt du mit guter, kraftvoller Nahrung deinen Körper aufbauen, nur so wird auch deine Seele stark. Die Seele ist der feinere Teil deines Körpers. Du mußt große Kraft in deinem Körper und in deiner Seele aufspeichern. Vivekananda

Der Materialismus sagt: Die Stimme der Freiheit ist Täuschung. Der Idealismus sagt: Die Stimme, die dir von Bindung spricht, ist Täuschung. Der Vedanta sagt: Du bist frei und nicht frei zu gleicher Zeit — niemals frei auf der irdischen, immer frei auf der geistigen Ebene. Vivekananda

Nur ein Narr wird den Tod erwählen, statt mit seinem
Schicksal zu ringen, bis es ihm zu Füßen liegt.   S. Y.

Äußere Reinigung bedeutet Reinhalten des Körpers; ein schmutziger Mensch wird nie zum Yogi werden. Aber die innere Reinigung ist auch nötig. Selbstverständlich ist die innere Reinheit wertvoller als die äußere Reinheit, aber beide sind notwendig, denn äußere Reinheit ohne innere nützt nichts.   Vivekananda

Hatha-Yoga ist nicht das Endziel. Hatha-Yoga macht uns bewußt, daß der Körper mit seinen unschätzbaren Eigenschaften alles ist, was wir im Leben besitzen; denn wir kommen nackt in diese Welt und nackt gehen wir aus dieser Welt weg. Deshalb müssen wir das Beste aus unserem Körper herausholen. Je mehr wir uns bemühen, die vollkommenen Eigenschaften unseres Körpers zur Entfaltung zu bringen, desto schneller entfalten sich unsere geistigen Eigenschaften: Konzentrationsfähigkeit, Gedächtnis, Willenskraft und Entschlossenheit. Der Segen des Hatha-Yoga ist dreifach: Gesundheit, Wohlbefinden und langes Leben.   S. Y.

Eine Samnyasini (eine besitzlos umherwandernde Bettel-
nonne) kam einmal an den Hof des Königs Janaka. Der
König verneigte sich vor ihr, ohne ihr ins Antlitz zu schauen.
Als die Samnyasini dies merkte, sagte sie: »Wie seltsam, o
Janaka, daß du noch immer solche Furcht vor der Frau hast!
Einer, der völlige Erkenntnis (Dschnana) erlangte, wird in
seinem Wesen wie ein kleines Kind —, für ihn besteht zwi-
schen den Geschlechtern kein Unterschied mehr.«

Als Rama durch die Unterweisungen seines Guru erleuchtet wurde, beschloß er, der Welt zu entsagen. Sein Vater Dasaratha schickte den Weisen Vasischtha zu ihm, daß ihn dieser belehre. Vasischtha fand Rama von Leidenschaftslosigkeit in ganzer Stärke ergriffen. »Rama«, sagte er, »komm und laß uns miteinander reden, und dann erst verlasse die Welt. Ich frage dich: Ist die Welt ein anderes als Gott? Wenn ja, steht es dir frei, sie aufzugeben.« Als er diesen Worten nachsann, erkannte der Prinz, daß es Gott sei, den er zugleich als manifestierte Welt und als unmanifestiertes Selbst erblickte und daß in Seinem Sein alles beruhe. So schwieg Rama.

Es ist nicht um des Gatten willen, daß das Weib den Gatten liebt, sondern es ist um Atmans (das SELBST) willen, daß es den Gatten liebt, weil es das SELBST liebt.

Keiner liebt das Weib um des Weibes willen, sondern weil er das SELBST liebt, liebt er das Weib.

Keiner liebt die Kinder um der Kinder willen, sondern weil man das SELBST liebt, deshalb liebt man die Kinder.

Keiner liebt Reichtum wegen des Reichtums, sondern weil man das SELBST liebt, deshalb liebt man Reichtum.

Keiner liebt Brahmana um des Brahmana (Brahmana = der Priester) willen, sondern weil man das SELBST liebt, liebt man Brahmana.

So liebt auch keiner Kschatria um Kschatria (Kschatria = Krieger) willen, sondern weil man das SELBST liebt.

So liebt auch niemand die Welt der Welt wegen, sondern weil man das SELBST liebt.

So liebt niemand die Götter wegen der Götter, sondern weil man das SELBST liebt.

Keiner liebt ein Ding, um dieses Dinges willen, sondern man liebt es um des SELBSTES willen.

Darum muß dieses SELBST gehört werden, bedacht werden, meditiert werden. — Oh, meine Maitreyi, wenn dieses SELBST gehört worden ist, wenn dieses SELBST geschaut worden ist, wenn dieses SELBST verwirklicht worden ist, dann weißt du alles das. (In der indischen Legende belehrt Yadschnawalkya seine Frau Maitreyi.)

Der Meister ohne Worte

Tian Dsi Fang war am Hofe des Fürsten Wen von We und zitierte häufig den Ki Gung.

Fürst Wen sprach: »Ist Ki Gung Euer Lehrer?«

Dsi Fang sprach: »Nein, er ist ein Nachbar von mir. Er redete über den SINN häufig ganz richtig; darum zitiere ich ihn.«

Fürst Wen sprach: »Habt Ihr denn keinen Lehrer gehabt?«

Dsi Fang sprach: »O ja.«

»Und wer war Euer Lehrer?«

Dsi Fang sprach: »Meister Schun von Ostweiler.«

Fürst Wen sprach: »Wie kommt es dann, daß Ihr den noch nie zitiert habt?«

Dsi Fang sprach: »Er ist ein Mann, der das wahre Wesen erreicht hat. Dem Äußeren nach ein Mensch, in Wirklichkeit wie der Himmel. Er paßt sich in Freiheit der Welt an und verhüllt doch sein wahres Wesen. Er ist rein und läßt doch alle Geschöpfe gewähren. Fehlt den Geschöpfen der rechte SINN, so ist er vorbildlich in seinem Benehmen, um sie dadurch zu erwecken. Er macht, daß der Menschen eigene Gedanken verschwinden. Aber man kann keines seiner Worte auswählen, um es zu zitieren.«

Als Dsi Fang hinausgegangen war, da saß der Fürst Wen einen ganzen Tag lang in sprachloser Erstarrung. Dann berief er einen der umstehenden Räte vor sich und sprach zu ihm: »Wie weit ist uns doch ein Mann überlegen, der völliges LEBEN besitzt! Ich hielt es bisher für das Höchste, zu reden die Worte heiliger Weisheit und zu wirken die Werke der Liebe und Pflicht. Aber nun ich von Dsi Fang's Meister gehört habe, ist mein Körper schlaff und mag sich nicht mehr rühren, mein Mund verschlossen und mag nicht mehr reden. Was ich gelernt habe, ist in Wirklichkeit nur Staub und Erde. Mein Land We ist in Wirklichkeit nur eine Belastung für mich.«   Dschuang Dsi

Als du in diese Welt gekommen warst, o Tulsi, lachte die
Welt vor Freude — aber du hast geweint. Jetzt, da du in der
Welt bist, lebe so, daß, wenn du einst diese Welt verläßt,
die Welt weinen wird, — du aber lachend weggehst. Tulsidas

Alleine kam ich zur Welt, um
alleine meiner Tage Lauf zu durchwandern.
Zu Ende ist die Wanderschaft,
Alleine schreite ich heimwärts Tag für Tag —
der Heimat zu, die mich geboren.   S. Y.

Quellenverzeichnis

Raja Yoga von Swami Vivekananda, ehem. Rascher Verlag Zürich

Jnana Yoga von Swami Vivekananda, ehem. Rascher Verlag Zürich

Karma Yoga von Swami Vivekananda, ehem. Rascher Verlag Zürich

Gespräche auf den Tausend Inseln von Vivekananda, ehem. Rascher Verlag Zürich

Die Schönsten Upanischaden, ehem. Rascher Verlag Zürich

Die Bhagavad Gita von Dr. Franz Hartmann, Bücher der Schatzkammer

Sri Ramana Maharschi. Gespräche, Heinrich Schwan Verlag Budingen-Gettenbach

Worte des Ramakrischna, Rotapfel Verlag, Erlenbach/Zürich

Das wahre Buch vom südlichen Blütenland von Dschuang Dsi, Jena Verlag

Gitanjali von Rabindranath Tagore, Hyperion Verlag, Freiburg im Breisgau

Dhammapada, übersetzt von Dr. Max Müller, aus »The Legacy of India«, herausgegeben von G. T. Garrat

Mahabharatam, Bücher der Schatzkammer

Tiruvalluvar, herausgegeben in Madras/Indien

Selbstvertrauen durch Yoga, S. Yesudian, Drei Eichen Verlag

Raja Yoga, Yesudian/Haich, Drei Eichen Verlag

Srimad Bhagavatam, übersetzt von Swami Prabhavanda, G. P. Putnam's Sons, New York

The Legacy of India, herausgegeben von G. T. Garrat, England

SELVARAJAN YESUDIAN + ELISABETH HAICH: **SPORT + YOGA**
mit 74 Bildern, 282 Seiten, Großformat, Leinenband

SPORT, ein Begriff und seine Tätigkeit des Westens, bedarf zu seiner Vervollkomm-
nung und Vertiefung der Lebenskunst des Ostens, des YOGA. Der Inder Selvarajan
Yesudian hat die Segnungen des Yoga erlebt und wurde von einem Meister
herangebildet.

SELVARAJAN YESUDIAN: **HATHA-YOGA-ÜBUNGSBUCH**
224 Seiten, 121 Zeichnungen, Leinenband

Yesudian gab im Buch „Sport + Yoga" die einfach-klassischen Hatha-Yoga-Übungen,
die ein jeder Mensch, ob alt oder jung, ob gesund oder krank, mit viel Erfolg und ohne
Gefahr ausführen konnte. Viele Schüler üben diese Übungen seit Jahren, so daß es
notwendig wurde, weitere Übungen zusammenzustellen, die den Körper noch belebter
und bewußter machen.

SELVARAJAN YESUDIAN: **SELBSTERZIEHUNG DURCH YOGA**
240 Seiten, 15 Illustrationen, Leinen

In einem weit gespannten Rahmen sind praktische Anweisungen, sinnvolle Legenden
und mancherlei Fragen eingefügt, die in Hunderten von Briefen an die Verfasser
unserer Yoga-Werke gestellt und im allgemeinen Interesse in diesem Buch eingehend
beantwortet werden.

YESUDIAN-HAICH: **RAJA-YOGA · Yoga in den zwei Welten**
224 Seiten, Leinen

Die vier Abschnitte des Werkes behandeln: Was ist Yoga? — Weg des Ostens — Weg des
Westens — Die zwei Wege begegnen sich — Große Schau und Zielsetzung.

YESUDIAN-HAICH: **YOGA IM HEUTIGEN LEBENSKAMPF**
60 Seiten, kartoniert

Anregung zu froher Lebensmeisterung. Einiges über Magie.

YESUDIAN-HAICH: **YOGA UND SCHICKSAL**
3 Vorträge, 60 Seiten, kartoniert

Wie man ein Yogi wird — Yoga und Selbstheilung.

FRANZ KRABICHLER: **YOGA — AUCH IM LEHNSTUHL**
168 Seiten, Leinenkarton

FRANZ KRABICHLER: **ERLEBE DICH SELBST DURCH YOGA**
160 Seiten, gebunden